*„Tu deinem Körper Gutes,
damit deine Seele Lust hat,
darin zu wohnen."*

Teresa von Avila

GRUSSWORT

Liebe Leser*innen,

gemeinsam unterwegs sind die Frauen des Katholischen Deutschen Frauenbunds schon lange: Wir sind als bewegter Frauenverband bereits seit 120 Jahren für die Gleichberechtigung von Frauen in allen Lebensbereichen aktiv. Bewegende Pilgerwanderungen mit gemeinschaftsstiftenden, spirituellen Erfahrungen werden bereits von vielen KDFB-Diözesanverbänden angeboten: eine gute Frauenbundtradition, die mich beeindruckt.

Kraft schöpfen, den Glauben vertiefen, Zwiesprache mit Gott suchen – Glauben in Gemeinschaft erfahren, das stärkt uns und führt uns - im Wortsinn - über uns hinaus, gibt uns Energie, auch für unser Engagement im Frauenbund.

Gemeinsam unterwegs: Mit der Einladung zum Pilgern auf dem neuen Irmengardweg wollen wir dieser guten Verbandstradition folgen. Denn der Irmengardweg führt durch klassisches „KDFB-Land". Er durchquert die Regionen der Diözesanverbände Rottenburg-Stuttgart, Augsburg sowie München und Freising. Es kann also gut sein, dass dieser Weg Begegnungen mit ganz unterschiedlichen Frauenbundfrauen ermöglicht! Aber auch weiteren inspirierenden Frauen können wir unterwegs begegnen: Der Irmengardweg lädt ein, sich mit seligen und heiligen Frauen der Region zu beschäftigen. Einige dieser eindrucksvollen Frauengestalten werden bis heute überregional verehrt, viele drohen allerdings im Dunkel des Vergessens zu versinken. Sie wiederzuentdecken lohnt sich: Wir können uns ein Stück des Wegs von ihnen

begleiten lassen und die Orte ihres Wirkens als Kraftquellen und Kraftorte erfahren.

Gemeinsam unterwegs auf den Spuren starker christlicher Frauen der Vergangenheit, verbunden mit den Frauen des Frauenbunds hier und heute: Der Irmengardweg ist damit ein wirklicher Frauenpilgerweg! Beim gemeinsamen Pilgern kann sich unser Blick weiten, gerade weil wir unsere Wege in einem starken Verbund gehen.

Ich wünsche allen, die gemeinsam aufbrechen, eine belebende und bewegende Zeit auf dem Irmengardweg und tiefgehende Begegnungen – mit sich selbst, mit anderen Pilger*innen, den eindrucksvollen seligen und heiligen Frauen des Irmengardwegs und dem, von dem wir hoffen, ihm am Ende unseres Lebenswegs für immer zu begegnen.

Dr. Maria Flachsbarth

Präsidentin des Katholischen Deutschen Frauenbunds e.V. (KDFB)

GELEITWORT

Liebe Pilgerin, lieber Pilger,

bestimmt sind Sie nach dem langen Weg erschöpft, wenn Sie auf der Fraueninsel ankommen. Fraueninsel – so heißt das alte Fischerdorf hier. Die korrekte Bezeichnung ist zwar Frauenchiemsee, und das Kloster auf der Insel trägt den Namen Frauenwörth. Wir Einheimischen nehmen uns aber das Recht heraus, „Fraueninsel" zu sagen und „der Chiemgau".

Der Chiemgau ist eine historisch gewachsene Landschaft, der Chiemsee das Herz der Region. Der Name Chiemgau ist seit dem 8. Jahrhundert belegt. Nicht-Einheimische bestehen gerne auf „das Chiemgau", weil „das Gau" eine landschaftliche Einheit bezeichnet. Womöglich hat sich der Name Chiemgau aber auch vor Jahrhunderten von der „schönen Au bei Chieming" abgeleitet – was für „die Chiemg-au" spräche. Bei den Einheimischen heißt es jedoch unverrückbar „der Chiemgau". Namensgebend für Chieming wiederum war ein Gaugraf namens „Chiemo" (um 744).

Aber zurück zu Ihnen und Ihrem Pilgerweg. 370 Kilometer sind Sie womöglich gelaufen. Vielleicht möchten Sie jetzt nur die müden Füße unter die Kirchenbank strecken und den mühsamen Weg Revue passieren lassen. Bevor Sie aber das Münster Frauenwörth betreten, möchte ich Sie bitten, den Blick nach unten zu richten, wenn Sie das Portal durchschritten haben. Sehen Sie die steinerne Türschwelle?

Von allen wunderbaren Plätzen im Chiemgau ist das der, der mich selbst am meisten berührt. Wie viele Menschen haben wohl seit dem 11. Jahrhundert einen Fuß auf diese Schwelle gesetzt? Jede und jeder von ihnen hat den Stein ein winziges Stück abgetragen, nicht messbar und für das Auge unsichtbar. Dennoch fehlen heute zehn, vielleicht zwölf Zentimeter des soliden Marmors. Von vielen alten Gebäuden heißt es, man spüre den Atem der Geschichte. Die Schwelle zum Münster Frauenwörth ist ein Ort, auf den das zutrifft.

Nehmen Sie sich Zeit für diesen Ort. Es gibt kaum einen vergleichbaren.

Claudia Kreier

Chiemgau Tourismus e.V.

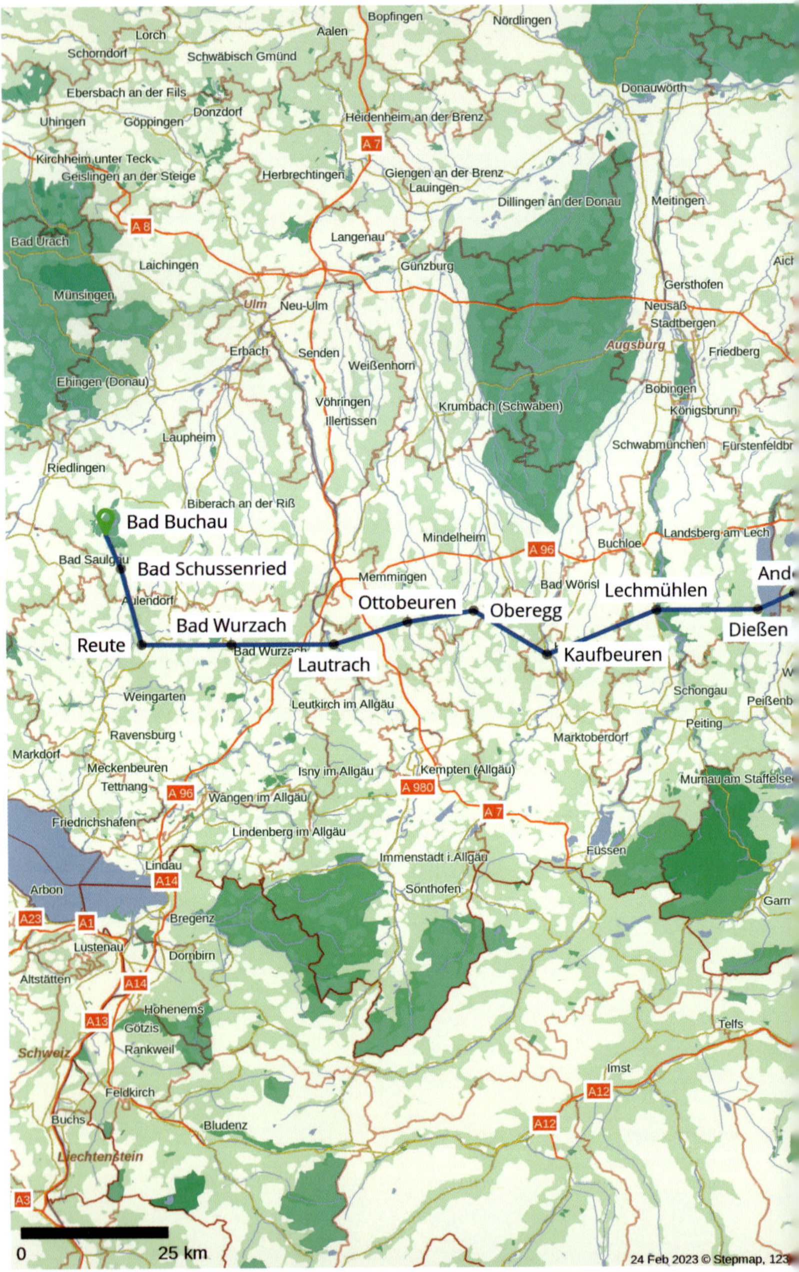

Bad Buchau
Bad Schussenried
Reute
Bad Wurzach
Lautrach
Ottobeuren
Oberegg
Kaufbeuren
Lechmühlen
Dießen
And
Nördlingen
Bopfingen
Aalen
Lorch
Schorndorf
Schwäbisch Gmünd
Ebersbach an der Fils
Donzdorf
Uhingen
Göppingen
Heidenheim an der Brenz
Donauwörth
Kirchheim unter Teck
Geislingen an der Steige
Herbrechtingen
Giengen an der Brenz
Lauingen
Dillingen an der Donau
Meitingen
Bad Urach
Langenau
Laichingen
Günzburg
Gersthofen
Münsingen
Ulm
Neu-Ulm
Neusäß
Stadtbergen
Augsburg
Friedberg
Erbach
Senden
Weißenhorn
Ehingen (Donau)
Bobingen
Vöhringen
Illertissen
Krumbach (Schwaben)
Königsbrunn
Laupheim
Schwabmünchen
Riedlingen
Biberach an der Riß
Mindelheim
Buchloe
Landsberg am Lech
Bad Saulgau
Memmingen
Aulendorf
Bad Wörisl
Weingarten
Leutkirch im Allgäu
Schongau
Ravensburg
Peiting
Marktoberdorf
Markdorf
Meckenbeuren
Isny im Allgäu
Kempten (Allgäu)
Tettnang
Wangen im Allgäu
Friedrichshafen
Lindenberg im Allgäu
Lindau
Immenstadt i.Allgäu
Füssen
Arbon
Sonthofen
Bregenz
Lustenau
Dornbirn
Altstätten
Hohenems
Götzis
Rankweil
Schweiz
Telfs
Imst
Feldkirch
Buchs
Bludenz
Liechtenstein
A 7
A 8
A 96
A 980
A14
A23
A1
A13
A12
A3
0
25 km
24 Feb 2023 © Stepmap, 123

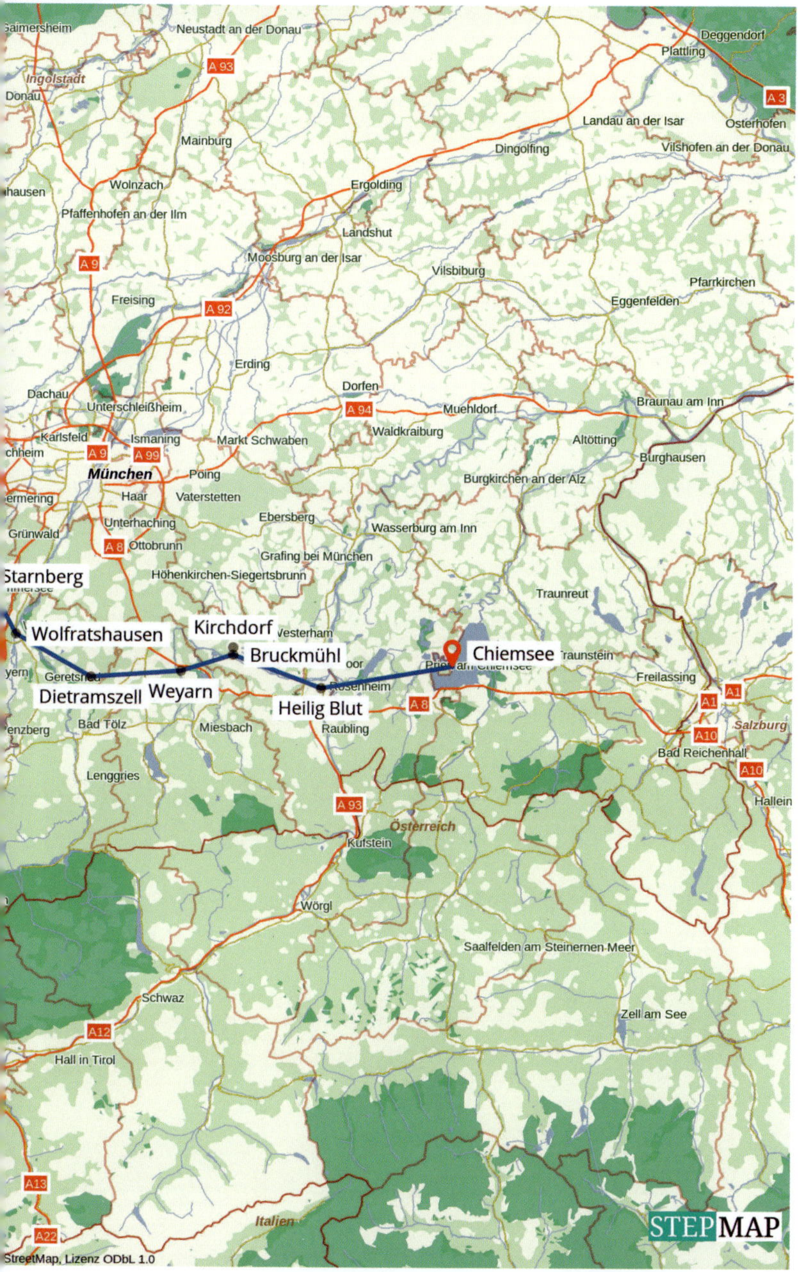
Starnberg
Wolfratshausen
Dietramszell
Weyarn
Kirchdorf
Bruckmühl
Heilig Blut
Chiemsee
München
Ingolstadt
Neustadt an der Donau
Deggendorf
Plattling
Landau an der Isar
Osterhofen
Vilshofen an der Donau
Dingolfing
Mainburg
Wolnzach
Pfaffenhofen an der Ilm
Ergolding
Landshut
Moosburg an der Isar
Vilsbiburg
Pfarrkirchen
Eggenfelden
Freising
Erding
Dorfen
Dachau
Unterschleißheim
Karlsfeld
Ismaning
Markt Schwaben
Muehldorf
Waldkraiburg
Braunau am Inn
Altötting
Burghausen
Poing
Haar
Vaterstetten
Burgkirchen an der Alz
Unterhaching
Ebersberg
Wasserburg am Inn
Grünwald
Ottobrunn
Grafing bei München
Höhenkirchen-Siegertsbrunn
Traunreut
Westerham
Traunstein
Freilassing
Salzburg
Bad Reichenhall
Hallein
Geretsried
Bad Tölz
Miesbach
Raubling
Lenggries
Österreich
Kufstein
Wörgl
Saalfelden am Steinernen Meer
Zell am See
Schwaz
Hall in Tirol
Italien
A 93
A 3
A 9
A 92
A 94
A 99
A 8
A1
A10
A12
A13
A22
StreetMap, Lizenz ODbL 1.0
STEPMAP

IRMENGARDWEG

Wer auf Pilgerschaft geht, nimmt die Sehnsucht nach einem Neuanfang mit. „Das unruhige Herz ist die Wurzel der Pilgerschaft", so hat Augustinus es formuliert. Und wer pilgert, kehrt als eine andere oder ein anderer nach Hause zurück, vielleicht mit der Antwort auf eine Frage, vielleicht mit neuem Mut, auf jeden Fall aber seelisch und körperlich verändert. Deswegen ist Pilgern auch nicht nur etwas für religiöse oder spirituelle Menschen, sondern ein von vielen geübter Weg, sich selbst zu begegnen.

Der Irmengard-Pilgerweg von Bad Buchau am Federsee nach Frauenwörth im Chiemsee folgt der Seligen Irmengard, einer Frau aus dem 9. Jahrhundert, Urenkelin Karls des Großen, von ihrer ersten Wirkungsstätte zu dem Kloster, als dessen Äbtissin sie bis heute verehrt wird.

Auf den 370 Kilometern in 17 Etappen begegnen den Pilgerinnen und Pilgern neben Irmengard noch einige weitere Frauengestalten, die regional bis heute von höchster Bedeutung sind: von Adelindis in Buchau über die Gute Beth in Bad Waldsee, von Crescentia Höß in Ottobeuren und Kaufbeuren über Mechthild von Dießen bis Hedwig von Andechs und Fidelis Weiß vom Kloster Reutberg.

Und natürlich verbindet die Strecke, die von Westen nach Osten durch das Voralpenland führt, viele inspirierende Kraftorte: beeindruckende Landschaften und Aussichten, Städte, Klöster und Wallfahrtskirchen, heilige Orte wie den Gottesberg bei Bad Wurzach und natürlich Andechs, vorgeschichtliche Zeugnisse wie die Pfahlbauten in Bad Buchau, keltische Opferplätze und Siedlungen etwa an der Mangfall und kulturgeschichtliche Höhepunkte. Man passiert Wälder, Moore sowie die Flüsse Iller, Lech, Isar, Mangfall, Inn und kommt nicht zuletzt an die Seen: Ammersee, Starnberger See und als Ziel- und Höhepunkt den Chiemsee.

ÜBER DIE AUTORIN

Nikola Hollmann kündigte 2018 ihre Stelle als Chefredakteurin und ging auf Pilgerschaft. Danach hat sie sich als Wanderbuch-Autorin freiberuflich selbstständig gemacht und hat inzwischen zahlreiche Wander- und Naturführer veröffentlicht. So verbindet sie ihre Liebe zum Schreiben und zur Fotografie mit ihrer Leidenschaft für die Natur, für das Wandern und Pilgern. Die Entwicklung des Irmengardwegs war von Beginn ihrer Selbstständigkeit an ihr Herzensprojekt. Inzwischen bietet sie als Coachin und Wanderführerin auch begleitete Pilgerwanderungen an unter www.irmengardweg.de.

Als Wanderführerin im Deutschen Wanderverband®, European Walkleader und staatlich geprüfte Landschafts- und Naturführerin verfolgt sie auf den von ihr geführten Wanderungen sowie in ihren Büchern das Ziel, den Teilnehmerinnen bzw. Lesern ein achtsames Erleben in der Natur zu ermöglichen, sie dabei sicher zu begleiten und den Blick nicht nur für die Schönheiten der Region zu weiten, sondern auch für die kulturellen und historischen Besonderheiten.

INHALTSVERZEICHNIS

EINLEITUNG

Liebe Pilgerinnen und liebe Pilger,

nachfolgend möchten wir Ihnen einen kleinen Einblick und Überblick in diesen Pilgerführer geben.

Wege und Markierung

Der Irmengardweg besitzt keine eigenen Markierungen. Die detaillierte Wegbeschreibung wird Sie aber auch so sicher zu Ihrem Ziel führen. Eine (digitale) Landkarte und die GPX-Tracks zur Hand zu haben, kann Sie bei der Streckenplanung und Orientierung zusätzlich unterstützen. Soweit Sie in manchen Regionen markierten Wanderwegen folgen können, weist die Wegbeschreibung darauf hin.

Etappen / Wegabschnitte

Die gesamte Wegstrecke ist in 17 Etappen eingeteilt. Zu jedem dieser Wegabschnitte finden Sie jeweils zu Kapitelbeginn Informationen zur Länge, zu Auf- und Abstiegen in Metern und zur durchschnittlich benötigten Gehzeit. Diese ist berechnet nach der vom Deutschen Wanderverband und den Alpenvereinen angenommenen Durchschnittsgeschwindigkeit von vier Kilometern im ebenen Gelände.

Neben der ausführlichen Wegbeschreibung bietet jedes Kapitel Hinweise zu besonderen Naturschönheiten, zu kulturellen Sehenswürdigkeiten und zu besonderen Personen, die mit der jeweiligen Region verbunden sind. Ergänzend sind Einkaufs- und Einkehrmöglichkeiten sowie eine Auswahl an Unterkünften aufgelistet.

Jede Etappe beginnt mit der „Perlenkette“, die die gesamte Anzahl der Wegabschnitte zeigt sowie die bis hierher bereits zurückgelegten und die noch vor uns liegenden Kilometer. An markanten Stellen helfen Kilometer-Angaben am Rand der Wegbeschreibung dabei einzuschätzen, wie viel des Weges Sie schon zurückgelegt haben.

Und übrigens: Die hier vorgenommene Einteilung ist ein Vorschlag. Sie können sich die jeweiligen Etappen selbstverständlich auch selbst zusammenstellen.

Unterkünfte

Aus Platzgründen finden Sie in diesem Führer überwiegend Hotels. An vielen Orten ist es möglich, bei den Touristeninformationen weitere Adressen von privaten Zimmervermietungen zu erfragen. Am besten, Sie fragen vorsorglich immer im Vorfeld nach, ob die Übernachtungsmöglichkeit noch besteht und frei ist.

Zu Fuß und mit dem Rad

Die Wegführung richtet sich an Pilgerinnen und Pilger, die zu Fuß unterwegs sind. Durch Moore und über schmale Pfade läuft es sich besser, das Fahrrad ist hier eher nicht geeignet.

Aktualisierungen und GPS-Tracks

Alle Etappen sind durchnummeriert. Die GPS-Tracks sind genauso benannt und können damit einfach zugeordnet werden. Neue Hinweise, Aktualisierungen, Informationen zu Wegänderungen und Unterkünften, von denen wir erst nach der Drucklegung des Buches erfahren haben, finden Sie auf unserer Internetseite www.pilgerverlag.de/irmengardweg. Dort liegen auch die GPS-Tracks aller Wegabschnitte zum kostenlosen Download bereit. Falls Sie während Ihrer Pilgertour Besonderheiten, Neuerungen und Erwähnenswertes sehen, danken wir Ihnen für Ihre Mitteilung an info@pilgerverlag.de. Wir freuen uns ebenfalls über Ihre Pilgerberichte und persönlichen Erfahrungen.

Einkaufsmöglichkeiten

Wenn längere Wegstrecken durch einsame oder abgelegene Gegenden bevorstehen, weisen wir gesondert auf Einkaufsmöglichkeiten hin, falls Sie sich davor noch versorgen möchten. Grundsätzlich ist es wichtig, gerade im Sommer ausreichend Wasser mit sich zu führen. Tipp: Auf Friedhöfen gibt es fast überall frisches Trinkwasser.

Naturerlebnis

Diejenigen Strecken des Weges, die besondere Naturschönheiten, wie Flussläufe, Ausblicke oder außergewöhnliche Landschaften zeigen, weisen wir durch das Symbol „Naturerlebnis“ aus.

Besonderheit

Wir begegnen auf diesem Pilgerweg nicht nur der seligen Irmengard vom Chiemsee, sondern noch zahlreichen anderen „heiligen Frauen", die in ihrer Heimat teilweise seit Jahrhunderten und bis heute verehrt werden und ihre Region geprägt haben. Auf sie weisen wir unter dem Symbol „Besonderheit" hin.

An- und Abreisemöglichkeiten

Wir geben an denjenigen Etappenzielen Hinweise auf An- und Abreisemöglichkeiten mit dem ÖPNV, an denen es schwierig sein könnte, vor Ort eine Übernachtungsmöglichkeit zu finden.

Voraussetzungen/ Kondition

Der Irmengardweg ist an allen Stellen technisch leicht. Trotzdem stellen manche Etappen durchaus Anforderungen an die Kondition. An manchen Stellen ist es möglich, die Strecken mit der Bus oder Bahn oder sogar mit dem Schiff zu verkürzen.

Gepäck

Vor allem weniger geübte Pilgerinnen und Pilger erliegen der Versuchung, viel zu viel Gepäck mitzunehmen. Reduzieren Sie so gut wie möglich, wählen Sie einen nicht zu großen Rucksack (nicht größer als 40 Liter). Wählen Sie Ihre Ausrüstung und Kleidung nach ihrem Gewicht aus und wiegen Sie Ihren Rucksack vor der Abreise. Ohne Wasser sollte ihr Gepäck nicht schwerer sein als 8 Kilogramm.

Denken Sie daran, Ihre Sachen im Rucksack wasserdicht zu verpacken, etwa in dünne Mülltüten. Diese halten Ihre Kleidung trocken und können nach der Wanderung noch benutzt werden.

Wir verwenden folgende Symbole:

Tourist-Info	Sehenswürdigkeit	Naturerlebnis
Wichtiger Hinweis	Gefahrenstelle oder besonders zu beachten	Empfehlung oder Hinweis auf etwas Besonderes
Einkaufen	Einkehr	Übernachtung

Am Federsee

1. ETAPPE

BAD BUCHAU – BAD SCHUSSENRIED **14,5 km /+69 m / -84 m / 3:45 h**

Start 14,5

AM ANFANG WAR: DER ERSTE SCHRITT

Von der ersten Wirkungsstätte Irmengards in Bad Buchau nach Bad Schussenried

Dass Buchau einst auf einer Insel gelegen hat, das kann man noch erahnen, wenn man durch die weitläufigen Feuchtgebiete wandert, die den Ort umgeben. Alles erinnert an das Ziel unserer Wanderung: das Kloster Frauenwörth auf der Fraueninsel im Chiemsee. Aber beim Pilgern geht es ja darum, im Hier und Jetzt zu sein. Zuerst in den Moorgebieten und dann in der sanften Hügellandschaft mit Ausblick auf die Alpen, auf dem Weg zur Wallfahrtskirche in Steinhausen und nach Bad Schussenried mit seinem ehemaligen Kloster: Die Natur und die Kultur Oberschwabens heißen uns willkommen.

Südlich von Bad Buchau

Die Buchauer Stiftskirche

Sehenswürdigkeit: Bad Buchau am Federsee

Der Federsee war einst mehr als 20 Mal so groß wie heute, er bildete sich nach der Riss- und Würmkaltzeit aus Schmelzwasser. Die Erhebung, auf der die Stadt Buchau und das ehemalige Stift liegen, war damals eine Insel. Das war auch noch so, als Irmengard in dem Stift lebte. Sie zog also von einer Insel auf eine Insel. Der Spiegel des Sees senkte sich aber im Laufe der Jahrhunderte und verlandete immer mehr.

Ab der Jungsteinzeit haben nachweislich und durchgängig Jäger, Sammler und Fischer am Ufer des Sees gelebt. Am Ufer oder auf verlandeten Inseln sind zahlreiche Siedlungen belegt. Das Moor hat ihre Hinterlassenschaften konserviert und die Archäologie konnte in den vergangenen 150 Jahren sensationelle Funde bergen und sichern. Das Federseegebiet gehört seit 2011 zum UNESCO-Welterbe Prähistorische Pfahlbauten um die Alpen. Das Federsee-Museum mit seinem Freigelände liegt direkt am Ufer, von dem man auf einem Bohlenweg auf den See hinauswandern kann.

Bevor wir losgehen: die Irmengardstatue in der Stiftskirche

Dort steht sie im Nordschiff der Buchauer Stiftskirche: Irmengard. Im Sockel der Holzstatue befindet sich eine Reliquie der Namensgeberin dieses Pilgerweges, die 1928 seliggesprochen wurde. Die Tochter des Kaisers Ludwig der Deutsche und der Welfenfürstin Königin Hemma wurde um 833 in Regensburg geboren. Zusammen mit ihren drei Schwestern kam sie schon als Kind nach Buchau, das damals noch auf einer Insel lag. Von den Stiftsdamen erzogen, wurde sie als gebildete Frau Äbtissin von Buchau, bevor sie

Auf dem jüdischen Friedhof

im Alter von 24 Jahren nach Frauenwörth ging – wohin wir ihr auf unserem Weg folgen.

Sehenswürdigkeit: Buchauer Stiftskirche
Um das Jahr 770 gründete der Moselfranke Warin ein Frauenstift auf einer risseiszeitlichen Moränenzunge, die noch bis vor gut 200 Jahren eine Insel bildete. Seine Gattin Adallint wird an dieser Gründung beteiligt gewesen sein, sie lebte später als Witwe selbst in dem Stift. Nicht zu verwechseln ist sie mit der Seligen Adelindis oder Adallint, die ab 902 in Buchau wirkte. Gemeinsam mit ihrem Mann Ato belebte diese zweite Adelindis das Buchauer Stift neu. Ihre Gebeine, die um das Jahr 1920 bei Entwässerungsarbeiten unter der Kirche wiederentdeckt wurden, sind gemeinsam mit denen ihrer Söhne in der Krypta begraben. Bis heute wird Adelindis in der Region in Ehren gehalten, und so ist sie neben Irmengard die erste der vielen noch heute hochverehrten Frauen, die uns auf unserem Weg bis zum Chiemsee begleiten werden.
Das Langhaus der Kirche wurde im Stil des Klassizismus Ende des 18. Jahrhunderts umgebaut, als klar war, dass der mittelalterliche Bau nicht mehr instand gesetzt werden konnte. Das Ergebnis, zusammen mit der barocken Innenausstattung, ist eine erhabene Einfachheit – ein guter Ort für den Beginn dieser Pilgerreise.

Unser Pilgerweg beginnt an der Stiftskirche in **Bad Buchau**. An der Stiftskirche wenden wir uns stadtauswärts hinter dem Parkplatz nach rechts und dann vor dem Gymnasium nach links. So erreichen wir

„Schönste Dorfkirche der Welt" in Steinhausen

die Landstraße, die uns linker Hand über den Zebrastreifen Richtung Steinhausen führt. Hier befinden wir uns auch auf dem Archäologischen Moorlehrpfad.

Hinter dem Freibad geht unsere Route nach links weiter. Es lohnt sich aber ein kurzer Abstecher nach rechts, wo wir unmittelbar auf den großen jüdischen Friedhof treffen.

0,8km

Sehenswürdigkeit: Jüdischer Friedhof Bad Buchau

Buchau war für 600 Jahre Heimat einer großen jüdischen Gemeinde, darunter zahlreiche Mitglieder der Familie Einstein. Anfang und Mitte des 19. Jahrhunderts war ein Drittel der Buchauer Bevölkerung jüdisch. Der Friedhof zeugt von der blühenden Gemeinde – und von ihrer Vernichtung: Auch der letzte Buchauer Jude, ein Großneffe Albert Einsteins, ist hier bestattet, Siegbert, der nach dem Krieg zurückgekehrt und zum Zweiten Bürgermeister gewählt worden war.

Zurück auf der Route passieren wir das Freibad und wählen an der T-Kreuzung den linken Weg, auf dem wir hinter einer Kurve geradeaus über das Feld wandern.

Wo es geradeaus nicht weitergeht, biegen wir rechts ab und laufen an der nächsten Kreuzung auf dem schmalen Pfad geradeaus über die Brücke, um an der nächsten T-Kreuzung links abzubiegen. An der kleinen Straße machen wir den Abstecher über den Holzsteg und gehen anschließend

Wallfahrtskirche Steinhausen

auf den Wald zu, wo wir den Moorlehrpfad verlassen: Wir halten uns an den nächsten beiden Abzweigungen jeweils geradeaus Richtung Steinhausen. 3,5km

Naturerlebnis: Südliches Federseeried
Unser Pilgerweg verläuft zu Beginn auf der Route des Moorlehrpfades, der an stein-, bronze- und eisenzeitlichen Fundstellen vorbeiführt. Das Federseeried steht seit 1939 unter Naturschutz und gilt als das größte zusammenhängende Moorgebiet Südwestdeutschlands. Es ist nicht nur wegen seiner archäologischen Besonderheiten von unschätzbarem Wert, sondern auch wegen der artenreichen Flora und Fauna – mit allein 256 beobachteten Vogelarten.

Erst wenn wir wieder eine Asphaltstraße erreichen, wenden wir uns nach links und dann bei nächster Gelegenheit nach rechts. Auch an der Gabelung halten wir uns Richtung Steinhausen und gehen links.

Dann verändert sich die Landschaft und wird leicht hügelig. An der Straße wählen wir die Variante nach Steinhausen über den Weilberg und laufen nach links. Noch vor dem Waldrand biegen wir nach rechts bergauf ab und bleiben immer links der Wiese am Waldrand. Bevor der Weg im rechten Winkel nach links ein kurzes Stück durch den Wald verläuft, um dann weiter an der Wiese entlang zu führen, drehen wir uns noch einmal um und können über den Baumgipfeln ein letztes Mal die Stiftskirche von Bad Buchau sehen.

Sommerblumen am Wegrand

Und dann kommen wir über die Kuppe, und nicht nur der Kirchturm der Wallfahrtskirche von Steinhausen zeigt sich uns in seiner vollen Pracht, sondern bei halbwegs klarem Wetter auch die Alpen. Eine Bank unter einer Eiche lädt zum Rasten und Staunen ein.

10km Geradeaus wandern wir nach **Steinhausen** hinunter und bis zur Wallfahrtskirche Unserer Lieben Frau, der Pfarrkirche Sankt Peter und Paul.

Sehenswürdigkeit: Wallfahrtskirche Steinhausen
Sie wird als „schönste Dorfkirche der Welt" bezeichnet – und der Stolz, der daraus spricht, ist nachvollziehbar. Ihre Pracht und Vollendung hat die Rokoko-Kirche ihrem berühmten Baumeister Dominikus Zimmermann zu verdanken, der auch die weltbekannte Wieskirche in Steingaden geschaffen hat. Die Innengestaltung übernahm sein Bruder Johann Baptist. Mit der Steinhausener Kirche schuf Dominikus Zimmermann erstmals eine Kirche mit ovalem Innenraum, dem er durch zehn quadratische Pfeiler einen Außenring verschaffte. Diese gipfeln in den Fresken des Kirchen-Himmels und entfalten deren Wirkung auf besonders eindrückliche Weise.

Von dort gehen wir erst auf der „Dorfstraße" und dann auf der „Barockstraße" nach rechts dorfauswärts Richtung Bad Schussenried. Die Landstraße müssen wir überqueren, um auf dem Ulrikaweg und dem Jakobsweg zunächst geradeaus und dann an der Kreuzung rechts bis zu dem kleinen Bildstock zu wandern. Dort zweigen wir nach links ab. An der Wiese, die

Pilgerwege

wir nun erreichen, gehen wir rechts entlang und passieren so das Franzosengrab. 11,1km

Hinweis: Franzosengrab
Das Franzosengrab stammt vom 02. Oktober 1796, als im Ersten Koalitionskrieg französische Truppen gegen österreichische kämpften. Die toten Franzosen wurden hier in allen Ehren bestattet und ihr Grab wird bis heute gepflegt.

An der Gabelung wenden wir uns nach links und schwenken in die kleine Straße nach rechts ein. So verlassen wir zunächst den Ulrika- und dann den Jakobsweg wieder. Der kleinen Straße folgen wir, bis wir in **Olzreute** rechts in die „Seestraße" abbiegen. Rechter Hand liegt nun der Olzreuter See, der auch zum Baden geeignet ist. 12,8km

Kurz vor Bad Schussenried erreichen wir eine Landstraße, die wir geradeaus überqueren, um entlang des Passionswegs bis zur „Biberacher Straße" zu wandern, in die wir nach links abbiegen. Rechts befindet sich nun das ehemalige Kloster, und wir passieren das Gelände an der Gedenkstätte für die Euthanasie-Opfer vorbei bis zur St. Magnus-Kirche.

Dahinter wenden wir uns nach links und erreichen durch das Klostertörle das Zentrum von **Bad Schussenried**.

Schussenrieder Törle

Portal der St.-Magnus-Kirche

Sehenswürdigkeit: Kloster Bad Schussenried und St.-Magnus-Kirche
Dominikus Zimmermann war auch in Schussenried tätig. Obwohl ein anderer Baumeister damit beauftragt wurde, so waren es doch seine Pläne, nach denen das 1183 gegründete Kloster im 18. Jahrhundert umgebaut werden sollte. Wegen Geldmangels wurde dieses Vorhaben allerdings nur teilweise umgesetzt. Vom alten Kloster sind bis heute Süd- und Westflügel und das Untere Tor zu sehen. Wichtigster Raum des Neuen Klosters ist die prächtig ausgestattete Bibliothek.
Die Klosterkirche St. Magnus ist zwar barock umgebaut, inklusive ihres sehr ungewöhnlichen Portals, ihre Substanz ist allerdings spätromanisch. Sehenswert ist besonders das Chorgestühl von Georg Anton Machein.
Das Kloster kam nach der Säkularisation zu Beginn des 19. Jahrhunderts an das Königreich Württemberg, das hier eine Heil- und Pflegeanstalt einrichtete. So wurde auch Schussenried zum Schauplatz von Zwangssterilisationen und Deportationen. Zum Gedenken an die rund 600 Opfer wurde 1992 im Innenhof des Neuen Klosters ein Denkmal errichtet.

Am Olzreuter See

Einkehr:

Landgasthof zur Linde, Ingoldinger Straße 2, 88427 Bad Schussenried-Steinhausen, Tel. 07583 2381, www.zur-linde-steinhausen.de *(auch Übernachtung)*

Diverse Einkehrmöglichkeiten in Bad Schussenried

Übernachten in Bad Schussenried:

Hotel Amerika, Maybachstraße 14, 88427 Bad Schussenried, Tel. 07583 94250, www.amerika-hotel.de

Hotel Barbara, Georg-Kaess-Straße 2-4, 88427 Bad Schussenried, Tel. 07583 2650, www.hotelbarbara.de

Humboldt Jugendgästehaus, Zellerseeweg 11, 88427 Bad Schussenried, Tel. 07522 9880, www.humboldt-jugendgaestehaus.de.
Nur für Gruppen ab zehn Personen. Anmeldung erforderlich.

Informationen und weitere Zimmer unter:
www.oberschwaben-tourismus.de/reiseplanung/unterkuenfte

Die Allee führt zur Hohkreuzkapelle

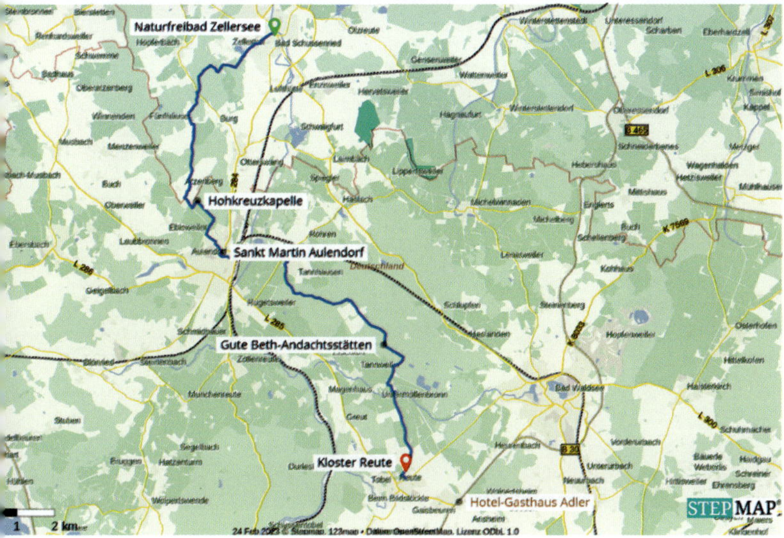

2. ETAPPE

BAD SCHUSSENRIED – REUTE **19,5 km /+137 m / -126 m / 4:50 h**

Start 14,5 34

AUF DEN SPUREN DER GUTEN BETH

Zwei völlig unterschiedliche Wegabschnitte erwarten uns heute: Von Bad Schussenried wandern wir über die Hügel und durch einige kleine Dörfer nach Aulendorf. Nach der lebendigen Kleinstadt durchqueren wir dann einsamen Moorwald. Dass wir uns Reute nähern, zeigt sich an Gute Beth-Andachtsstätten im Wald. Das Kloster auf dem Hügel heißt uns mit fast italienischem Charme willkommen, und die Schwestern freuen sich ganz offensichtlich über jeden Gast. Die Gute Beth war zwar streng abstinent, doch auf eines hat sie nicht verzichtet: auf die fantastische Aussicht von ihrem Kloster zu den Bergen.

Die Hohkreuzkapelle

Zwischen Fünfhäuser und Atzenberg

Am Schussenrieder Marktplatz beginnen wir die Etappe, indem wir über die „Schulstraße" Richtung Kurpark und von dort weiter zum Zellersee wandern. Dahinter verlassen wir an der Kreuzung den Asphaltweg und gehen geradeaus, dem Schild Richtung Aulendorf folgend. In den Schotterweg schwenken wir nach rechts ein und bleiben auf diesem Weg, bis wir im Wald auf eine Kreuzung treffen, an der zwei Wege nach Aulendorf beschildert sind. Wir wählen den rechten Weg. Bald kreuzen wir den Finsterbachweg und zweigen erst auf der Höhe nach links ab Richtung Aulendorf.

Es geht weiter hinauf, bis wir unterhalb eines Funkmastes kurz die Straße berühren, in die wir nach links abbiegen, bevor wir sie nach rechts gleich
3,3km wieder verlassen.

An der Gabelung im Wald laufen wir nach rechts und gehen an der Wiese entlang bis zu einem Hof. Dahinter wenden wir uns in **Fünfhäuser** kurz nach links, um dann sofort rechts abzubiegen. Das kleine Sträßchen leitet uns bis **Atzenberg**, wo wir uns zweimal links halten.

Nach dem Landwirtschaftlichen Zentrum verlassen wir an der Kreuzwegstation die Straße und wandern durch eine Kastanienallee auf die
6,8km Hohkreuzkapelle zu. Nach Süden haben wir nun freien Blick auf die Alpen.

Aussicht über Aulendorf hinweg zu den Bergen

Sehenswürdigkeit: Hohkreuzkapelle
Die kleine Kapelle liegt auf einem alten Kultplatz über Aulendorf. Schon lange bevor hier die weltlichen Herren und die Pfarrei im Jahre 1857 eine Kapelle errichteten, stand hier ein „hohes Kreuz", an dem die Menschen sich zum Gebet einfanden. Kurz nachdem Pius IX. 1854 das Dogma von der unbefleckten Empfängnis Mariens verkündet hatte, erhielt auch die kleine Kapelle eine entsprechende Statue, zu der in der damaligen Zeit viele Gläubige pilgerten. Bis heute lassen sich die Menschen immer noch zur Hohkreuzkapelle locken, und sie werden mit einer der schönsten Aussichten Oberschwabens belohnt.

Unterhalb der kleinen Kirche führt ein Weg am Waldrand hinunter. In den zweiten Querweg biegen wir rechts ab und wandern auf dem Passionsweg schließlich nach links bergab über die „Ebisweiler Straße" nach **Aulendorf**. Wir halten uns geradeaus, bis wir rechts das Gelände der Schwaben-Therme umrunden und durch den Stadtpark die Rückseite der Schlossbrauerei erreichen. Durch das Portal gelangen wir auf die „Hauptstraße", auf der wir uns gegenüber der Kirche nach rechts wenden.

Sehenswürdigkeit: Schloss Aulendorf
Hoch über der Schussen liegt Schloss Aulendorf, an dem sich bis heute seine achthundertjährige Geschichte von einer mittelalterlichen Burganlage bis zum klassizistischen Schloss ablesen lässt. Während letztere Epoche sich vor allem in der Stadtansicht zeigt, sieht man von unten eher die Staffelgiebel, die aus der Zeit der spätgotischen Wohnburg stammen.

Besonderheit: Kaplan Anton Figel

Neben all den regional hochverehrten Frauen, denen Pilgerinnen und Pilger auf dem Irmengardweg begegnen können, darf auch dieser Mann nicht vergessen werden: Der 1726 in Aulendorf geborene Anton Figel wirkte bis zu seinem Tod 1796 36 Jahre als Kaplan in Aulendorf. Pfarrer weigerte er sich zu sein, weil er glaubte, die Verpflichtungen nicht erfüllen zu können, ohne sein Seelenheil zu verlieren. Sofort nach seinem Tod begannen die Menschen der Region zu seinem Grab zu pilgern – und bis heute tun das viele in der Hoffnung, Beistand und Heilung zu finden. So wie zu seinen Lebzeiten, in denen Figel den Ruf hatte, durch „die Anrufung des Heiligsten Namens Jesu" Krankheiten heilen und Dämonen austreiben zu können.

9,2km

Hinter dem Schlossmuseum laufen wir auf der „Schuhhalde" in Richtung Unterstadt. Schilder leiten uns zunächst zum Bahnhof.

Dort geht es unter den Gleisen durch die Unterführung, dahinter links und dann rechts Richtung Steeger See. Am Strandbad vorbei gelangen wir an eine Landstraße, die wir links durch den Tunnel unterqueren.

Noch vor den ersten Häusern von Tannhausen zweigen wir auf der „Ziegelhofstraße" nach rechts ab. Diese führt uns schließlich in den Wald, wo wir an der Kreuzung den mittleren Weg schräg links wählen. Der Weg, dem wir durch den Tannwald folgen, ist mit der „19" markiert. An der folgenden Kreuzung nehmen wir, der „19" folgend, den Hauptweg

Auf dem Weg nach Reute

nach links und halten uns an den nächsten beiden Gabelungen wieder links. Auch an der dritten Gabelung, der Hauptweg beschreibt hier eine Linkskurve, gehen wir nach links. Nur wenige Meter später erreichen wir eine Y-Kreuzung. Dort nehmen wir den rechten, immer noch mit der „19" ausgewiesenen Weg. Auch an der folgenden Abzweigung bleiben wir der „19" treu und biegen links ab. An der Gabelung gleich dahinter halten wir uns rechts. Nach rund 500 Metern erreichen wir einen Querweg, der hier eine Kurve beschreibt. In diesen schwenken wir nach rechts ein.

An der nächsten Kreuzung folgen wir der „19" nach links, ignorieren die nächsten beiden Abzweigungen nach rechts und gehen geradeaus. Von links stößt ein Waldweg zu unserem Hauptweg dazu und schließlich erreichen wir einen Querweg, wo geradeaus ein grasbewachsener Weg weiterführt. Wir bleiben hier jedoch auf der „19" und biegen rechts ab. Vor der kleinen Andachtsstätte für die Gute Beth wenden wir uns nach links und verlassen nun die „19". 15km

An der Gabelung gehen wir geradeaus und erst auf dem Schotterweg rechts. Den Bildstock der Guten Beth passieren wir und bleiben auf dem breiten Weg – auch an der Kreuzung, an der wir uns links in Richtung **Untermöllenbronn** halten. Im Dorf laufen wir zunächst nach links und dann rechts nach **Obermöllenbronn**. 16,8km

Die Gute Beth begrüßt uns schon bald

Besonderheit: Die Gute Beth von Reute
Knapp 550 Jahre nachdem Irmengard nach Kloster Frauenwörth ging, zog 1403 die 17-jährige Elisabeth Achler (1386 bis 1420) aus Waldsee mit vier weiteren jungen Frauen in eine neu errichtete Klause ins nahe Reute. Die fünf Frauen lebten nach den Regeln des Heiligen Franziskus in Armut und Gebet. Da die 1766 seliggesprochene Elisabeth zunächst in der Küche arbeitete, begann sie bald, die Armen zu versorgen, die an die Klostertür kamen. Sie habe so eng in Verbindung mit dem gekreuzigten Jesus gestanden, so wurde es berichtet, dass sie zum Zeichen ihrer besonderen Verbindung seine Wundmale geschenkt bekam. Angeblich lebte sie 12 Jahre nur von der Eucharistie und ohne sonstige Speisen. Viele Menschen suchten ihren Rat. Sie hatte bald den Ruf, dass man in ihr die Liebe und Barmherzigkeit Gottes finden könne. Aus diesem Grund nannte man sie bald die Gute Beth, und so wird sie bis heute verehrt.

Vor der kleinen Kapelle nehmen wir die Straße nach rechts, die auf **Reute** zuführt. Dort wandern wir zunächst hinter dem Klostergelände entlang, um dann nach links abzubiegen und uns über die Treppen der Kirche St. Peter und Paul, dem heutigen Ziel, zu nähern.

Hinweis: Kloster Reute
Aus der Klause der fünf Frauen um die Gute Beth entwickelte sich ein großes Franziskanerinnenkloster, das 1784 im Zuge der Säkularisation aufgelöst wurde. Aber es wurde neu belebt, und abermals waren es fünf junge

Blick auf Reute

Das Franziskanerinnenkloster

Frauen, die das Schicksal von Reute bestimmten: Sie hatten 1848 in Ehingen an der Donau begonnen, sich um Kranke und Bedürftige zu kümmern. Schließlich wurden sie vom Bischof als Gemeinschaft anerkannt, und neue Mitglieder schlossen sich ihnen an. Auf der Suche nach einem geeigneten Mutterhaus wurden sie schließlich in Reute fündig und setzten dort die franziskanische Tradition bis heute fort.

Einkaufsmöglichkeiten:

In Bad Schussenried und in Aulendorf

Einkehr:

Diverse Möglichkeiten in Aulendorf

Übernachten in Aulendorf:

Alle Unterkünfte in Aulendorf finden Sie hier: www.tourismus.aulendorf.de

Übernachten in Reute:

Franziskanerinnen von Reute, Klostergasse 6, 88339 Bad Waldsee, Tel. 07524 708-0, www.kloster-reute.de *(Voranmeldung empfohlen)*

Gasthaus Adler, Bundesstraße 15, 88339 Bad Waldsee, Tel. 07524 9980, www.hotel-gasthaus-adler.de *(Das Gasthaus liegt 1,7 Kilometer vom Kloster entfernt auf der nächsten Etappe im Ortsteil Gaisbeuren.)*

Im Wurzacher Ried

3. ETAPPE

REUTE – BAD WURZACH **25 km /+244 m / -174 m / 6:30 h**

Start 14,5 34 59

WOHLTUENDE BEGRENZUNG, BEFREIENDE WEITE

Von Reute begleitet uns die Gute Beth zu ihrer Geburtsstadt Waldsee. Der anschließende Wegabschnitt zur Sebastianskapelle hilft dabei – abgesehen von dem zeitweiligen Hochbetrieb am Tannenbühl – sich nach innen zu kehren. Auch der von Bäumen umgebene Platz um die kleine Kapelle oben auf dem Hügel bietet keinerlei Ablenkung. Dann wandern wir durch den Wald und erreichen eine völlig andere Welt: Der freie Blick in die Ferne geht über ganz Oberschwaben bis hinüber zur Schwäbischen Alb. Getoppt wird diese Freiheit noch auf der Grabener Höhe mit ihrer 360-Grad-Sicht. Hinunter geht es mit Panorama-Blick und über eine kleine Asphaltdurststrecke bis zum Wurzacher Ried, wo uns die Natur vollkommen in ihren Bann zieht. Es ist kein Wunder, dass Moore für die Menschen in vorchristlichen Zeiten als heilige Orte galten. Auf den schmalen Pfaden durch das Ried ist die ganz besondere Atmosphäre auf jedem Meter spürbar.

Aussicht von den Hügeln vor Bad Waldsee

An der Südseite der Kirche St. Peter und Paul in Reute beginnen wir diese Etappe und gehen die Treppe hinunter und dann geradeaus. Hinter dem Springbrunnen wandern wir schräg in die „Jahnstraße" und auf der linken Seite des Baches aus Reute heraus, bis wir an einer T-Kreuzung nach rechts über eine Brücke Richtung **Gaisbeuren** abbiegen. Auch Bad Waldsee ist hier bereits ausgeschildert.

Auf der „St.-Leonhard-Straße" gelangen wir bis zur Bundesstraße, dahinter gehen wir auf dem „Kirchweg" geradeaus weiter, bis wir nach links in den „Schorrenweg" abzweigen.

Dieser führt uns über zwei Querstraßen hinweg geradeaus aus dem Dorf heraus. Im Wald folgen wir den Schildern Richtung Bad Waldsee an der Gabelung nach links und auf der Höhe geradeaus. Die nächste Kreuzung in der kleinen Senke queren wir und erreichen einen wunderbaren Aussichtspunkt. Vor uns liegt die Volkertshauser Weilerkapelle auf einem
3,5km Hügel, und dahinter zeigen sich die Alpen.

Nun wandern wir auf dem oberschwäbischen Jakobsweg nach links. Wir werden ihm bis nach Bad Waldsee folgen – auch wenn er nicht besonders gut ausgeschildert ist.

Frauenbergkapelle

Das prächtige Rathaus von Bad Waldsee

Im Wald wenden wir uns sofort wieder nach links. Nach der nächsten Wiese halten wir uns an den weiteren beiden Gabelungen rechts. So erreichen wir über eine Straßenbrücke die ersten Häuser von **Bad Waldsee**. Die zwei nach rechts abzweigenden markierten Wanderwege ignorieren wir und bleiben stattdessen auf dem „Rotkreuzweg", bis wir an einer Tankstelle auf die „Frauenbergstraße" treffen. Rechts sehen wir bereits die Frauenbergkapelle. 6km

Sehenswürdigkeit: Frauenbergkapelle

Die Unserer Lieben Frau geweihte Kapelle gehört zu den ältesten Wallfahrtsstätten der Region. Direkt an der Handelsstraße gelegen, auf der vielleicht sogar Irmengard um 857 auf ihrem Weg an den Chiemsee unterwegs war, ist schon früh eine kleine Kapelle oder ein Bildstock überliefert, die oder der unter einer Linde stand und wo eine wundertätige Muttergottes verehrt wurde. Das aufstrebende Bürgertum wollte hier im 15. Jahrhundert auf eigene Rechnung eine Kirche bauen, mit der man sich vom Stift der Augustiner Chorherren unten in der Stadt emanzipieren wollte. Das gelang durch den Zwang des herrschenden Truchsesses Johannes von Waldburg zwar nicht, trotzdem genoss das kleine Gotteshaus die Vorliebe der Bürgerinnen und Bürger, die davon überzeugt waren, dass Gebete hier besonders gut erhört wurden. Bis heute gilt die Frauenbergkapelle als Lieblingskirche der Waldseerinnen und Waldseer.

Einsam gelegen: die Sebastianskapelle

Davor führt ein Passionsweg nach links hinunter. Unten erreichen wir die Rückseite des Schlosses, laufen links um es herum und erreichen am Gut-Betha-Platz den historischen Ortskern. Vor der ehemaligen Stiftskirche wenden wir uns nach rechts, gehen auf das Historische Rathaus zu und biegen dort nach links zum See ab.

7,1km

Sehenswürdigkeit: Bad Waldsee
Schloss, Stiftskirche und die schmucke Waldseer Altstadt geben sich heute den Anschein, als bildeten sie eine Einheit. Der Eindruck täuscht, historisch betrachtet, allerdings gewaltig. Das von Kaiser Barbarossa gestiftete Augustinerchorherrenstift stand neben der Stadt, die im Jahr 1331 an die Habsburger verkauft wurde, also zu Österreich gehörte. Die fernen Herren verpfändeten die Stadt an Truchsess Johannes von Waldburg, der mit Gewalt und Unnachgiebigkeit über die immer ärmer werdenden Waldseer herrschte und teilweise gemeinsame Sache mit den Chorherren machte, wie im Falle der Frauenbergkapelle. Erst 1680 konnte die Stadt sich aus dieser Zwangsherrschaft loskaufen.

Am See halten wir uns rechts in Richtung Freibad und stadtauswärts. Nachdem wir den Bach überquert haben, wenden wir uns an dem großen Tor im Zaun nach rechts, überqueren die Kreuzung und wandern über die „Molitorstraße" weiter. An ihrem Ende biegen wir links auf die „Hittisweiler Straße" und unterqueren die Bahnlinie.

Steinmeditation am Wegesrand

Auf dem Weg zur Grabener Höhe

Dahinter gehen wir kurz geradeaus, bis nach links der „Tannenbühl" abzweigt. Auf diesem überqueren wir die Bundesstraße und laufen bis zum Parkplatz. Dort biegen wir nach links ab und vor dem eingehegten Gelände des Tierparks nach rechts bergauf. Nachdem wir den Anstieg gemeistert haben, wenden wir uns nach links in den breiten Schotterweg.

Auf der Höhe nehmen wir an der Gabelung hinter der Schranke den linken der beiden Wege. Diesem folgen wir auch an der nächsten Abzweigung nach rechts, die Sebastianskapelle ist hier zum ersten Mal ausgeschildert.

Nur ein paar Meter weiter überqueren wir die kleine Kreuzung und wählen an der Gabelung den rechten Weg. An der ehemaligen Jakobskapelle, die heute dem Wendelin geweiht ist, kreuzen wir die Straße und wandern schräg rechts gegenüber weiter. 10,7km

Vor dem Haus schwenken wir nach links in die kleine Asphaltstraße ein und biegen bei nächster Gelegenheit nach rechts bergauf ab. Schon an der nächsten Kreuzung nehmen wir den Weg über die Wiese auf den Kirchturm von **Haisterkirch** zu.

Im Ort überqueren wir die Durchgangsstraße und gehen geradeaus weiter, bis wir vor einem Bauernhof nach rechts abbiegen und danach auf dem „Sebastiansweg" rechts weiterwandern. Bis zur Sebastianskapelle begleitet uns nun ein Passionsweg. 14,1km

Blick von der Grabener Höhe

Sehenswürdigkeit: Sebastianskapelle

Errichtet wurde die einsam auf dem Haisterkircher Rücken gelegene Sebastianskapelle ursprünglich im 15. Jahrhundert. Der heutige Bau entstand 1892. Noch immer ist das kleine Kirchlein auf dem Gipfelplateau Ziel zahlreicher Pilgerinnen und Pilger, vor allem zum Patronatstag des Heiligen am 20. Januar. Nach zahlreichen Einbrüchen ihrer Votivtafeln, Heiligenbilder und der Sebastiansstatue beraubt, beeindruckt die Kirche und der Ort, auf dem sie steht, nach wie vor.

Von dem Platz an der Kapelle, an der es übrigens frisches Trinkwasser gibt, zweigen vier Wege ab. Wir nehmen den, der hinter der Kapelle Richtung Graben und Grabener Höhe beschildert ist. Es ist, gegen den Uhrzeigersinn betrachtet, der zweite Weg.

Fast auf einer Höhe wandern wir auf dem breiten Forstweg durch den Wald. Die Markierungen leiten uns schließlich auf die freie Wiese. An der ersten kleinen Kreuzung bleiben wir auf dem Hauptweg und schwenken unmittelbar nach den ersten Häusern nach rechts zur Grabener Höhe.

16,2km

Oben erwartet uns eine beeindruckende Rundumsicht: Von hier haben wir Ausblick über ganz Oberschwaben mit dem heiligen Berg Bussen und in die andere Richtung auf die Alpenkette. Mit Blick auf die Allgäuer Alpen wandern wir auf das Wurzacher Ried zu.

Nun geht es ins Ried

Nach dem steilen Abstieg gehen wir an der T-Kreuzung nach rechts und folgen der schmalen Straße für einen Kilometer.

An der Gabelung wenden wir uns nach links. Der Asphaltweg führt uns noch einmal über einen Kilometer, bis nach links ein Wanderweg ins Naturschutzgebiet Wurzacher Ried abzweigt. 19,6km

Naturerlebnis: Wurzacher Ried
Es handelt sich bei dem 1812 Hektar großen Wurzacher Ried um die größte intakte Hochmoorfläche Mitteleuropas, da sein Kerngebiet bis heute unangetastet ist. Unsere Route führt mitten in die artenreiche Naturschönheit, der Wurzach seinen Ruf als Moorbad zu verdanken hat. Seit 1989 trägt das Ried das Europadiplom des Europarates wegen seiner besonderen ökologischen Bedeutung und der Vielfalt seiner Moorlebensräume.
Entstanden ist das Ried vor 200.000 Jahren, als hier in der Risseiszeit ein Teil des Rheingletschers ein tiefes Tal grub. Bei seinem Rückzug entstand das Wurzacher Becken, umgeben von Moränenwällen. Nur am Südwestrand blieb das Becken vorerst offen, wurde aber in der letzten Eiszeit vor rund 20.000 Jahren auch hier verschlossen. So konnten die Schmelzwasser nicht abfließen und bildeten einen flachen See, in dem sich nach und nach Torf ablagerte.

Die Heide blüht im Moor

Über den Bohlenweg kommen wir dem mystischen wilden Moor ganz nah. An der nächsten Abbiegung lassen wir uns nach links in Richtung **Bad Wurzach** und Torfmuseum leiten. Wir erreichen eine Kreuzung, an der wir uns für zehn Meter nach links wenden, um dann in den Pfad nach rechts abzuzweigen.

22,5km Dort, wo links das Torfmuseum liegt, ist die kleine, knapp einen Kilometer lange Runde absolut empfehlenswert, die nach rechts zum Riedsee führt.

Vom Museum und am Ende der Riedseerunde weisen Schilder Richtung Kurhaus Bad Wurzach. Sie führen auch auf der anderen Seite der Straße weiter und wechseln bald die Bezeichnung: Nun ist die Ortsmitte ausgeschildert. So erreichen wir den Kurpark, wandern zum Kurhaus und davor rechts zur Verena-Kirche, unserem heutigen Ziel.

Sehenswürdigkeit: Kirche St. Verena
Die Stadtkirche von Wurzach wurde in ihrer heutigen Form in den Jahren 1775 bis 1777 errichtet, und zwar im klassizistischen Stil nach dem Vorbild der Stiftskirche in Bad Buchau. Drei Tagesetappen vom Ausgangspunkt entfernt erinnert uns also die Verena-Kirche außen und innen an die Kirche der Seligen Adelindis und Irmengard. Die Patronin der Wurzacher Kirche, Verena, ist übrigens die Patronin der Ammen und wird als Schutzheilige für Menschen in Not sowie für reichen Kindersegen angerufen.

f wunderschönen Wegen durch das Ried

Die Wurzacher Verena-Kirche

Einkehr und Einkaufen:

Diverse Möglichkeiten in Bad Waldsee und Bad Wurzach

Übernachten in Bad Waldsee:

Alle Unterkünfte zusammengefasst unter:
www.bad-waldsee.de/info/unterkuenfte/#/unterkuenfte

Übernachten in Bad Wurzach:

Gasthof Adler, Schloßstraße 8, 88410 Bad Wurzach, Tel. 07564 93030, www.hotel-adler-bad-wurzach.de
Gesundheitshotel Rössle, Schulstraße 12, 88410 Bad Wurzach, Tel. 07564 9199800, www.hotel-gr.de
Feelmoor Gesundheitsresort, Karl-Wilhelm-Heck-Straße 12, 88410 Bad Wurzach, Tel. 07564 3042100, www.feelmoor.de

Weitere Informationen und Unterkünfte unter:
www.bad-wurzach.de/tourismus/de/startseite

Ein Perlmutterfalter

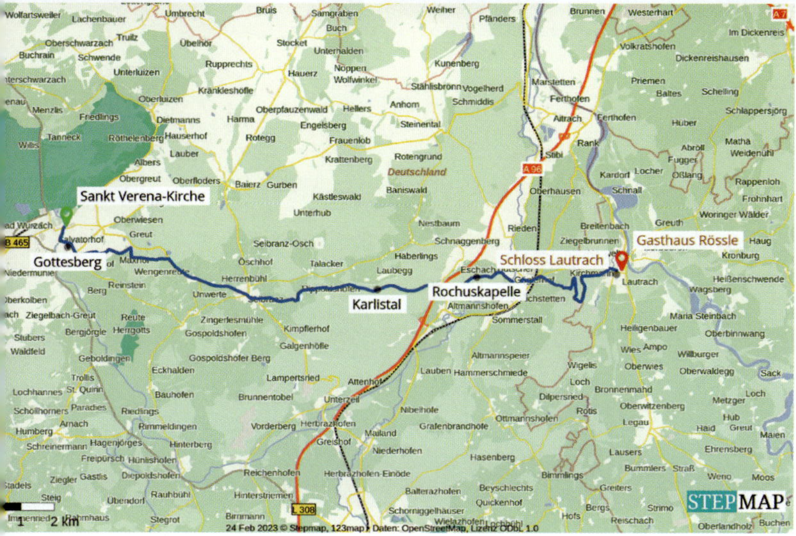

4. ETAPPE

BAD WURZACH – LAUTRACH **22,5 km /+192 m / -203 m / 6:00 h**

Start 14,5 34 59 81,5

DER GOTTESBERG-WEG

Einen besseren Start für einen Pilgertag kann es nicht geben: Der Gottesberg lädt uns zu Besinnung und Kontemplation ein. Und für die, die die Berge lieben, auch zur Betrachtung des Alpenpanoramas. Wie auch immer der Gottesberg zu seinem Namen gekommen sein mag: Dass auf diesem Hügel, auf dem das Kloster steht, eine besondere Energie wirkt, das ist deutlich zu spüren – sie kann uns durch den ganzen Tag tragen. Ein Ort zum Auftanken und zum Innehalten, bevor wir uns auf die abwechslungsreiche Etappe begeben, die uns durch das einsame Karlistal und über den Blutsberg bis fast an die Iller führt.

Auf dem Wurzacher Gottesberg

Von der Verena-Kirche in Bad Wurzach gehen wir 20 Meter Richtung Stadtmitte, überqueren den Zebrastreifen und wandern entlang der Wurzacher Ache. Bei der ersten Gelegenheit wechseln wir die Bachseite, gehen in den „Espenweg" und dann geradeaus den „Gottesbergweg" neben dem Friedhof bergauf. Durch die Ahornallee steigen wir auf den Gottesberg.

Sehenswürdigkeit: Gottesberg

Auf dem Wurzacher Gottesberg – der schon Gottesberg hieß, lange bevor ein Kloster auf ihm errichtet wurde – wird eine besondere Reliquie verehrt: ein Stückchen Leinentuch, das angeblich mit dem Blut Christi getränkt ist. Jährlich am zweiten Freitag im Juli wird sie, die heute kostbar in ein silber-vergoldetes Standkreuz gefasst ist, bei einer großen Reiterprozession präsentiert, bei der mehr als 1.500 Pferde mitreiten. Seit 1763 befindet sich die Reliquie in der kleinen Barockkirche über der Stadt und wurde schnell Ziel zahlreicher Wallfahrten. Die Salvatorianerpater, die seit 1921 das Kloster bewohnen, führten kurz darauf das heute noch so groß gefeierte Heilig-Blut-Fest ein.

Ob Irmengard damals auch diesen besonderen Kraftort besucht und erfahren hat? Wir gehen jedenfalls (hoffentlich energetisiert) auf der kleinen Straße unterhalb der Wallfahrtskirche stadtauswärts, überqueren die Landstraße und wenden uns dahinter bei erster Gelegenheit nach links. Der Feldweg führt uns auf die Anhöhe, wo wir uns noch einmal umdrehen, bevor wir der Biegung nach rechts folgen. Hinter der Verenakirche erkennen wir links die Grabener Höhe, darunter das Wurzacher Ried und hinter dem Ried den heiligen Berg

Aussicht vom Gottesberg

Oberschwabens, den Bussen. Wir setzen unseren Weg fort und zweigen unterhalb einiger Häuser auf eine kleine Asphaltstraße nach rechts ab. Wir befinden uns nun wieder auf einem ausgewiesenen Wanderweg und nehmen am Waldrand kurz vor einer kleinen Querstraße gemäß der Beschilderung nach Wengenreute den Feldweg nach rechts. 3,3km

Die Schilder führen uns an der folgenden breiten Gabelung nach links. Nachdem wir leicht abwärts gewandert sind, zweigt der Hauptweg an der nächsten Gabelung links ab. Wir orientieren uns aber an den Schildern und gehen auf dem anderen Forstweg, der stärker abwärtsführt, rechts weiter auf den Wanderwegen „4" und „5". Der Weg wird bald schmaler und schlängelt sich als Pfad durch den Wald.

Dann erreichen wir eine Wiese, die wir schräg links überqueren, auf den Wald zu. Rechts liegen nun die Alpen: der Bregenzer Wald, die Lechtaler Alpen und weiter im Westen die Schweizer Berge jenseits des Bodensees. 4,7km

Auf der kleinen Straße wenden wir uns nach rechts und wandern durch **Wengenreute** bis nach **Seibranz**. Dort schwenken wir in die „Sigebrand-Straße", gehen an der Kirche vorbei und dahinter nach links in den „Rößleweg". Für wenige Meter nach rechts und dann links abgebogen, gelangen wir an den Friedhof und den Wanderweg „8", der Richtung Rippoldshofen, Karlistal und Schloss Zeil beschildert ist. 7,7km

Blick zurück nach Bad Wurzach

In **Rippoldshofen** halten wir uns links, bevor wir nach rechts ins Karlistal
wandern. Wir bleiben im Tal, ignorieren die Abzweigung nach Schloss Zeil
und erreichen schließlich am Talausgang eine kleine Straße, auf der wir die
13,7km Autobahn unterqueren, um gleich dahinter links abzubiegen.

Auf halber Höhe laufen wir geradeaus. Auf dem Blutsberg links über uns
stand einst eine Burg. Wir gelangen im Wald an eine Kreuzung, an der wir
uns schräg geradeaus halten, um so auf eine kleine, dem heiligen Rochus
geweihte Kapelle zuzugehen, vor der rechts und links zwei große Thujen
15,1km stehen.

Hinter der Rochuskapelle wandern wir geradeaus weiter und an der nächsten Kreuzung zunächst links und dann an der Gabelung wieder links. Entlang einer Wiese verläuft der Weg zur „Eschacher Straße", die uns nach rechts nach **Aichstetten** führt.

Wir überqueren die Brücke und gehen durch den Ort, bis wir nach links in
die „Schulstraße" abbiegen. Hinter der Kirche wenden wir uns nach rechts.
So erreichen wir die „Hochstraße", auf der wir links Richtung Bahnüber-
17,3km gang laufen. Gleich dahinter zweigen wir schräg rechts ab.

Die Straße verlassen wir sofort wieder nach rechts auf den Schotterweg, gehen an dem Hof vorbei auf die Wiese und müssen nun den vor uns lie-

Flurkreuz bei Seibranz

Hinter Rippoldshofen

genden Hügel in großen Zickzackbewegungen überwinden. Vielleicht liegt ja die etwas indirekte Wegführung daran, dass wir auf diesem Hügelzug die Landesgrenze zwischen Baden-Württemberg und Bayern überqueren.

Im Wald angekommen, schwenken wir nach links und nach einem kurzen, aber steilen Anstieg auf dem Querweg nach links – auch wenn hier eine Markierung nach rechts weist.

Wir erreichen ein Gebäude und einen Sendemast und wenden uns im spitzen Winkel nach rechts. An der nächsten Möglichkeit nehmen wir die Abzweigung nach links in einen weiteren breiten Schotterweg. 19,5km

Nach einiger Zeit zweigt an einem gelben Pfosten der Wanderweg „6" rechts ab und führt auf einem schmalen Pfad im rechten Winkel bergauf bis zu einem breiten Forstweg, in den wir nach rechts bergauf abbiegen. Jenseits des nächsten Querwegs wandern wir den schmalen Pfad abwärts, der uns nun auf direktem Wege an die Lautrach bringt.

Dort biegen wir links ab, überqueren gleich rechts den kleinen Fluss und erklimmen geradeaus auf dem Fußweg die für heute letzte Steigung. Rechts befindet sich nun das Schloss und geradeaus der Dorfplatz von **Lautrach**.

Im einsamen Karlistal

Sehenswürdigkeit: Schloss Lautrach

Dort, wo heute das ab 1781 in drei Jahren errichtete neue Schloss steht, lag zuvor der Standort eines der ältesten Rittersitze Schwabens. Das später hier errichtete Schloss brannte im Dreißigjährigen Krieg ab, der Nachfolgebau wurde 1780 ebenfalls Opfer der Flammen. Damals gehörte es dem Fürststift Kempten, und dessen Abt, Honorius Roth von Schreckenstein, errichtete es neu: als Probstei und Jagdschloss.

Nach der Säkularisation im Jahr 1803 ging das Schloss an einen französischen Grafen, dem der Theatersaal mit den kostbaren Bildtapeten zu verdanken ist. Später befand sich im Schloss eine renommierte Erziehungsanstalt für höhere Töchter, und schließlich richtete hier Hermann Anschütz-Kaempfe ein Erholungsheim und Tagungsheim für Wissenschaftler ein, in dem unter anderem Albert Einstein zu Gast war.

Heute beherbergt das Schloss ein Tagungshotel und Weiterbildungsinstitut, getragen von der Industrie- und Handelskammer Schwaben sowie vom Kolping-Bildungswerk der Diözese Augsburg.

leine Rochuskapelle auf dem Blutsberg

Schloss Lautrach

Einkaufsmöglichkeit:

Cap-Markt Lautrach, Deybachstraße 13, 87763 Lautrach, Tel. 08394 518
Geöffnet montags, mittwochs, donnerstags und freitags auch nachmittags bis 18.00 Uhr.

Übernachten in Lautrach:

Hotel Schloss Lautrach, Schloßstraße 1, 87763 Lautrach, Tel. 08394 910-412, www.schloss-lautrach.de
Gasthof Zum Rössle, Deybachstraße 16, 87763 Lautrach, Tel. 08394 9266700, www.roesslelautrach.de
Zimmer in Lautrach, Schlossstraße 7, 87763 Lautrach, Tel. 08394 240, www.zimmer-in-lautrach.de

Übernachten in Maria Steinbach:

www.vg-illerwinkel.de/texte/seite.php?id=100502

Übernachten in Illerbeuren:

www.vg-illerwinkel.de/texte/seite.php?id=100189

Ein Wallfahrtsweg führt zur Kirche in Steinbach

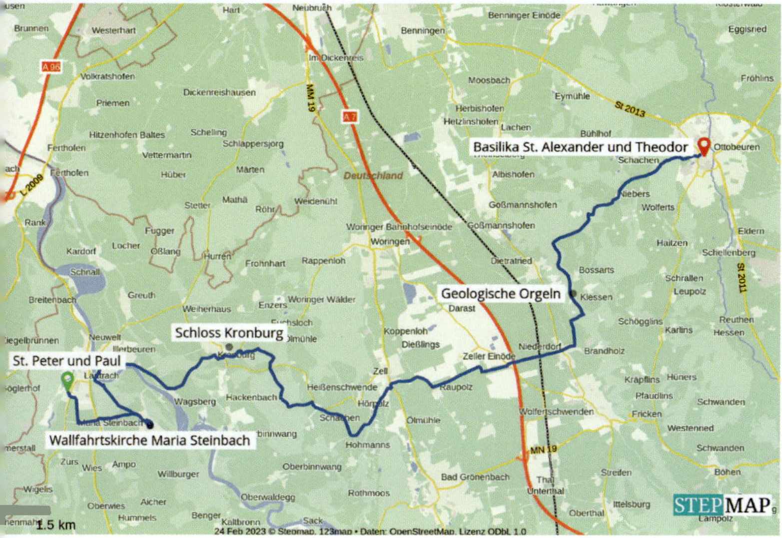

5. ETAPPE

LAUTRACH – OTTOBEUREN **24,5 km /+297 m / -303 m / 7:00 h**

Start · 14,5 · 34 · 59 · 81,5 · 106

AUF UND AB

Das erste Ziel an diesem Tag ist die wunderschöne und traumhaft gelegene barocke Wallfahrtskirche Maria Steinbach. Und es erwarten uns einige weitere Besonderheiten auf diesem Weg: der Keltenhügel über der Iller, die Überquerung des Flusses und schließlich das Ziel, die beeindruckende Basilika von Ottobeuren, die wie auf einem heiligen Berg über der Stadt thront. Dazwischen gilt es, zwischen Zell und Niederdorf Strecke zu machen. Auch in dieser Hinsicht spiegelt der Pilgerweg das richtige Leben wider, denn auf dieser hügeligen Etappe erleben wir ein Auf und Ab, bei dem sich das Besondere und das eher Gewöhnliche abwechseln.

Maria Steinbach

Die fünfte Etappe beginnt an der St.-Peter-und-Paul-Kirche in Lautrach. Von dort nehmen wir den Fußweg bergauf und wandern in die „Hochgratstraße", an deren Ende wir uns nach rechts wenden.

An der Kneipp-Anlage biegen wir links ab, überqueren die Landstraße und gehen auf der kleinen Straße bergauf Richtung Wallfahrtskirche Maria Steinbach. Auf der anderen Seite der Iller können wir Kronburg erkennen

2,5km und rechts bei klarem Wetter die Alpenkette.

Sehenswürdigkeit: Wallfahrtskirche Maria Steinbach
Über die Kirche Maria Steinbach gibt es viele Besonderheiten zu erzählen. Die erste bezieht sich auf die Baugeschichte der „Perle des Oberschwäbischen Barock": Als die Kirche für die immer zahlreicher werdenden Wallfahrer zu klein wurde, wurde die neue Kirche ab dem Jahr 1746 zunächst um die alte herumgebaut. Erst danach wurde das alte Gebäude abgetragen.
Es gab zwei Gründe, warum so große Pilgerströme nach Steinbach kamen, und der wichtigere, der die neue Kirche nötig machte, war die sogenannte „Augenwende". Viele Menschen berichteten seit 1730 davon, dass sie gesehen hätten, wie die Statue der schmerzhaften Muttergottes sichtbar die Augen bewegt habe, und auch sonst seien Gefühlsregungen in ihrem Gesicht ablesbar gewesen. Außerdem beobachtete man eine unerklärliche nächtliche Beleuchtung in der Kirche sowie Gebetserhörungen und Heilungen. Den Kirchenoberen war es zunächst gar nicht recht, dass sich die Kunde davon in Windeseile verbreitete. Aber nach einer bischöfli-

Unter dem Keltenhügel fließt die Iller

chen Untersuchung, für die fast 300 Personen vernommen und Maler und Bildhauer beauftragt wurden, die Muttergottes zu untersuchen, erkannte der Bischof die Marien-Wallfahrt offiziell an. Der andere Grund für den Pilgerandrang in Steinbach schon vor der Augenwende war der Erhalt einer Kreuzreliquie. Der Span lockte seit 1723 die ersten Wallfahrer zu der Kirche auf dem Felssporn über der Iller, der nachweislich schon von Kelten bewohnt war und auf dem bereits im 9. Jahrhundert eine Kirche gestanden haben soll. So könnte es sein, dass Irmengard auf ihrer Reise zu ihrer neuen Wirkungsstätte als Äbtissin von Kloster Frauenwörth hier zum Gebet eingekehrt ist.
Wer heutzutage die Kirche besucht, kann sich ein beispielhaftes Bild der barocken Sakralarchitektur machen: Das Gesamte ist von jedem Ort im Raum sichtbar, der Lichteinfall spielt eine wichtige Rolle und fokussiert je nach Tageszeit immer andere Elemente.
Über einer einzigartigen, herausgewölbten Fassade, wie sie so keine andere spätbarocke oder Rokoko-Kirche aufweist, steht der weithin sichtbare, 57 Meter hohe Turm. Von der anderen Seite der Iller werden wir ihn später noch einmal hoch oben über dem Fluss bewundern können.

Auf dem Hügel über der Iller haben früher Kelten gesiedelt, und es fällt leicht, sich das vorzustellen. Nach einem Aussichtspunkt wird der Weg immer schmaler. Er führt an der Hangkante entlang und schließlich über Holzstufen hinunter. Nun überqueren wir die Iller auf einer ehemaligen Eisenbahnbrücke, die heute dem Iller-Radweg dient. 4,5km

Unsere Route führt über eine ehemalige Eisenbahnbrücke

Am Wegrand

In **Illerbeuren** ist der Wanderweg nach Kronburg beschildert. Außerhalb des Dorfes folgen wir dafür allerdings nicht den Straßenschildern, sondern gehen zunächst auf dem Fußgängerweg weiter nach **Wagsberg**. Dort biegen wir kurz vor der Kapelle nach links aufs Feld ab und halten
6,5km auf den bewaldeten Hügel zu.

Ein steiler Weg führt uns hinauf, und oben wenden wir uns zweimal nach rechts. Der Pfad leitet uns unmittelbar an die ersten Grundstücke von **Kronburg**. Dort zweigen wir zweimal nach rechts ab in die „Rechbergstraße" und „Im Frauenpaint", überqueren die „Hauptstraße" und gehen schräg links gegenüber für etwa 400 Meter auf der Straße Richtung Woringen.

Vor dem kleinen Wald auf der rechten Seite wandern wir an der Wiese entlang abwärts. Die Wegführung ist hier nur anhand der Beschilderung des Jakobsweges erkennbar. Sie lenkt uns nach links in den Wald und an der nächsten Abzweigung nach rechts.

Als Nächstes führt sie uns über die kleine Straße und schräg rechts gegenüber wieder in den Wald. Wir folgen so dem Forstweg an der ersten Gabelung rechts und an der zweiten links. An der dritten gehen wir wieder links, bevor wir uns an der nächsten Abzweigung an die Beschilderung Richtung Zell nach links halten. So gelangen wir an ein Feld und wandern
11,3km rechts auf der „Kronburger Straße" durch den Bauernhof.

Die Iller

In der Kurve nehmen wir rechts den Feldweg und verlassen die asphaltierte Straße. Diesem Wanderweg folgend, biegen wir bei nächster Gelegenheit in eine kleine Straße nach links ein und gehen an der Gabelung links. Am Feldkreuz zweigt nach rechts ein Wanderpfad ab, der auf der anderen Seite des Waldes an einer Bank eine Gabelung erreicht. Dort folgen wir dem beschilderten Wanderweg links am Feld entlang. 13km

In **Zell** laufen wir auf der Straße nach links über „Am Weiherbrunn" und die „Mühlbachstraße" bis zur Durchgangsstraße. Dort wenden wir uns kurz nach links und schwenken dann in die „Niederdorfer Straße" nach rechts. Dem Schild Richtung Zeller Einöde folgen wir dann hinter dem Kieswerk nach links. Dieser Name ist ein bisschen Programm, denn wir müssen nun ein weites, schattenloses Tal durchqueren. Bei klarer Sicht entschädigt der Blick auf die Berge – und die Gewissheit: Auch diese Durststrecke werden wir überwinden! Wir gehen auch dort geradeaus, wo das Sträßchen nach links abzweigt, und bleiben nun auf dem Feldweg, bis wir rechts abbiegen müssen, dann laufen wir gleich links bis zur Autobahn und unter dieser hindurch. 17km

Anschließend erreichen wir **Niederdorf**, gehen geradeaus durch die Gasse zur Kirche und über den Friedhof hinweg bis zum Dorfweiher. Von hier aus ist Ottobeuren zum ersten Mal ausgeschildert. Den Schildern folgen wir nach links und nehmen die erste Abzweigung nach rechts und wieder links in Richtung Geologische Orgeln. 19,2km

Vor uns liegt Zell

Naturerlebnis: Geologische Orgeln
Für alle, die noch Kraft für einen kurzen Abstecher von etwa 100 Metern haben: Entstanden in der Günz-Kaltzeit vor rund 600.000 Jahren stehen hier bis zu 16 Meter hohe Türme, in denen Regenwasser den Kalk zu trichterförmigen Röhren ausgewaschen hat.

Die Orgeln stehen gut 100 Meter oberhalb unserer Route, die auf dem Forstweg bis zu einer Kreuzung verläuft, an der sich drei Schotterwege mit einem Pfad treffen, der geradeaus weiterführt. Steil und sehr zugewachsen leitet dieser Steig auf eine Wiese, und über den Querweg hinweg wandern
21,3km wir geradeaus weiter – schon im Wald, aber parallel zu der Wiese.

Wieder auf einen breiten Schotterweg gelangt, gehen wir geradeaus und am nächsten Querweg links, um dann scharf rechts abzubiegen. Noch einmal müssen wir eine Steigung überwinden. Schließlich erreichen wir ein Sträßchen, dem wir über die Kuppe und dann vor den Häusern rechts
23,1km folgen.

Und ein weiteres Mal müssen wir eine Anhöhe meistern und gehen oben über die Kreuzung hinweg geradeaus wieder hinunter. In der Linkskurve zweigen wir von der Straße auf den Forstweg ab, geradeaus in den Wald. Dem Wassergraben folgen wir nach links und gelangen so fast auf einer
25km Höhe nach **Ottobeuren**.

Hinter Niederdorf haben wir die Ebene überwunden

Am Parkplatz nehmen wir nicht die Straße in den Ort, sondern den Weg am Waldrand entlang, den Schildern folgend. Auf der Wiese schwenken wir nach links und wandern auf den Zielpunkt unserer Etappe zu, die Basilika von Ottobeuren.

Sehenswürdigkeit: Basilika Ottobeuren

Die zwischen 1737 und 1766 erbaute Basilika gilt zu Recht als eine der schönsten deutschen Barockkirchen. Die den Märtyrern Alexander und Theodor geweihte Kirche steht mit ihren 82 Meter hohen Türmen auf dem Hügel über der Stadt und vor dem Benediktinerkloster. Das gesamte Areal, das von oben betrachtet ein Kreuz ergibt, hat eine Ausdehnung von 480 Metern in Nord-Süd- und von 430 Metern in Ost-West-Richtung. Die Kirche entspricht nicht der Achse, sondern steht leicht geneigt vor dem Kloster, so als würde das Bild von oben das romanische Kruzifix aus dem 11. Jahrhundert imitieren, das bei aller barocken Pracht als Mittelpunkt der Kirche gilt: Dieses Kruzifix, das auf dem Kreuzaltar steht, zeigt den gekreuzigten Jesus mit einem leicht gebeugten Haupt, und im gleichen Winkel weicht die Kirche von der Hauptachse der restlichen Gebäude ab.

Berühmt ist die Basilika für ihre reiche spätbarocke Ausstattung, nicht zuletzt aber auch wegen ihrer zwei barocken Chororgeln von Karl Josef Riepp, denen man noch heute bei vielen Gelegenheiten lauschen kann.

Die Geschichte des Klosters begann bereits im Jahr 764, als Mönche aus St. Gallen und von der Reichenau vom Landgrafen Silach und seiner Frau einen Gutshof geschenkt bekamen. Die Klosterstiftung sollte als Grabstätte und als Ort des

Landidylle

ewigen Gebets für das Seelenheil der Familie dienen. Im Jahr 769 gewährte Karl der Große wichtige Privilegien.
Bis heute ist das Kloster in Ottobeuren benediktinisch geblieben. Selbst nach der Säkularisation am 1. Dezember 1802 verblieben Mönche in Ottobeuren, vorübergehend als Priorat und seit 1918 wieder als Abtei.

Einkaufsmöglichkeit:
Cap-Markt Lautrach, Deybachstraße 13, 87763 Lautrach, Tel. 08394 518
Geöffnet montags, mittwochs, donnerstags und freitags auch nachmittags bis 18.00 Uhr.

Einkehr:
Zeller Backstube, Allgäuerstraße 27, 87730 Bad Grönenbach-Zell, Tel. 08334 9247, www.zeller-backstube.de
Geöffnet montags bis freitags bis 12.30 Uhr und von 14.30 bis 18.00 Uhr, samstags bis 12.00 Uhr.

Übernachten in Ottobeuren:
Alle Hotels, Pensionen und Privatzimmer sind zusammengetragen auf der Internetseite www.ottobeuren.de

Das Kloster und die Basilika in Ottobeuren beeindrucken

Barocke Pracht in Ottobeuren

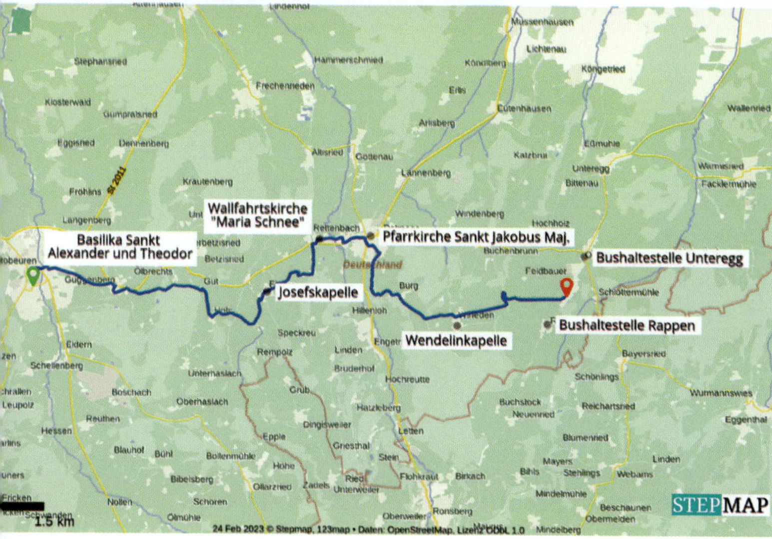

6. ETAPPE

OTTOBEUREN – OBEREGG

17 km /+251 m / -159 m / 5:00 h

Start 14,5 34 59 81,5 106 123

IN BEGLEITUNG

Heute gesellt sich eine Begleiterin zu uns: Crescentia Höß, die für das Unterallgäu zwischen Ottobeuren und Kaufbeuren ähnlich wichtig ist wie Irmengard für den Chiemgau und die Gute Beth für Oberschwaben. Ein Pilgerweg verbindet die beiden Orte, zwischen denen die Heilige selbst oft unterwegs war. Wir vertrauen uns ganz diesem Weg an und werden vielleicht manchmal das Gefühl haben, dass Crescentia selbst uns an die Hand nimmt, uns führt und für uns die schönste Route findet in das kleine Dorf mit der großen Aussicht: Oberegg.

Wir lassen Ottobeuren hinter uns...

Das Benediktinerkloster in Ottobeuren gab es schon zu Irmengards Zeiten. Ihr Urgroßvater Karl der Große hatte dabei sogar seine fördernde Hand im Spiel. Gut möglich, dass Irmengard hier Rast gemacht hat. Die Basilika ist freilich erst später entstanden, und wir steigen von ihr die Treppen hinunter zum Markt und nehmen dahinter die „Bahnhofstraße" nach links. Von hier an ist der Crescentia-Pilgerweg ausgeschildert. Ihm folgen wir in die „Ludwigstraße" nach rechts, bevor wir gleich links in die „Schützenstraße" einbiegen. So wandern wir geradeaus aus dem Ort hinaus und bis nach **Guggenberg**, das vor uns auf der Höhe liegt. Dort berühren wir kurz die Durchgangsstraße, biegen aber
2,5km gleich rechts ab und folgen der kleinen Straße im Bogen durch das Dorf.

Wieder auf der Durchgangsstraße angelangt, wenden wir uns auf dem Radweg nach rechts und laufen an der Kreuzung Richtung Unterhaslach, um am Ende des Fahrradweges den Feldweg nach links zu nehmen. Auf diesem bleiben wir zunächst durch den Wald und dann an einer Wiese entlang bis zu einem Hof, der links auf der Kuppe steht. Dort halten wir uns geradeaus, weiterhin zwischen Wiese und Waldrand.

Den nächsten Bauernhof passieren wir zu unserer Linken und schwenken rechts in die kleine Straße, die uns auf das Dorf **Hofs** zuführt. Links unter uns
5km erkennen wir Markt Rettenbach, unser heutiges Zwischenziel.

In Hofs zweigt der Pilgerweg an der Kapelle nach links ab und führt hinunter ins Tal. Erst kurz nachdem die kleine Straße in einen Feldweg übergeht,

... und durchwandern eine sanfte Hügellandschaft

verlassen wir diesen an der Gabelung rechts. Am Bach entlang erreichen wir eine asphaltierte Straße, die uns nach links bergauf an eine Querstraße bringt, in die wir nach rechts einschwenken. 6,9km

Hinter der Kapelle in **Eheim** gehen wir geradeaus wieder abwärts, bis wir an einem Kruzifix nach rechts auf den Feldweg abbiegen. Auf der Wiese steht ein Pfosten mit Wanderwegeschildern. Dort müssen wir uns an der nicht sehr gut erkennbaren Gabelung links halten.

Vor dem Feld wenden wir uns nach rechts, überqueren die kleine behelfsmäßige Brücke und laufen dahinter am Graben entlang bis zum Feldweg. Dort biegen wir rechts und gleich wieder links in Richtung der Häuser ab. Um zur Kirche Maria Schnee in **Markt Rettenbach** zu gelangen, folgen wir der „Höhenstraße". Vor der Landstraße wenden wir uns auf dem Fußgängerweg nach rechts und erreichen die Kirche durch den Tunnel. 8,2km

Sehenswürdigkeit: Wallfahrtskirche Maria Schnee
Historisch betrachtet, geleitet uns heute bis Markt Rettenbach der Weg des Kreuzes, genauer gesagt des romanischen Kreuzes von Ottobeuren: Der Eremit Theophilus Müller lebte in der Klause hinter der Kirche Maria Schnee. Zeitweilig durfte er das Kruzifix bei sich haben, bei dessen inniger Anbetung er von einigen Visionen berichtete. Unter anderem die Visionärin Crescentia unterstützte ihn in seiner Überzeugung.

Zwischenziel: Markt Rettenbach

Die Kirche Maria Schnee wurde als Dank für die Befreiung von Krieg und Pest nach dem Dreißigjährigen Krieg errichtet. Später entstand eine rege Wallfahrt, die eine Vergrößerung der Kapelle nötig machte. Der später berühmt gewordene Stuckateur und Maler Johann Baptist Zimmermann, einer der bedeutendsten des Barock, schuf hier einige seiner ersten Werke.
Ihren Namen trägt die Kirche nach der großen Schwester Maria Maggiore in Rom. Diese wurde der Legende nach an der Stelle gebaut, an der wundersamerweise Schnee gefallen war. Verehrt wird in Rettenbach eine Kopie des dortigen Gnadenbildes.

Geradeaus gehen wir weiter bis zum „Riedweg", der uns nach rechts zur „Ottobeurer Straße" leitet, die nach links in die Ortsmitte und zur Jakobuskirche führt.

10,2km

Noch vor der Kirche zweigt der Pilgerweg am „Marktplatz" in die „Kemptener Straße" rechts ab und dann bei nächster Gelegenheit links in die „Burgstraße". Dieser folgen wir bergauf, bis wir nach rechts in den „Haldenweg" einschwenken. An einem umzäunten Grundstück vorbei wandern wir über die Wiese und dann an der Kneippanlage vorbei geradeaus.

An warmen Tagen lohnt es sich, hier lange Hosen anzuziehen, denn der nächste Wegabschnitt führt sehr eng am Zaun vorbei und ist stark bewachsen. Wir tauchen dann ein in mystischen Wald und nehmen an der Bank die Treppe nach links hinauf auf die Nagelfluh-Felsen. Oben um-

Auf dem Crescentia-Pilgerweg

Maria Schnee

gehen wir in einem großen Bogen den Bauernhof im Uhrzeigersinn und wandern auf der Straße hinter dem Hof bis zu dem Flurkreuz. Dort folgen wir den Schildern auf den Schotterweg nach links. Auf der nächsten Anhöhe erreichen wir **Wineden**, wo wir kurz links und dann gleich rechts weiterlaufen. 14km

Wie ein Tor stehen eine Linde und eine Weide am nächsten Wegkreuz, an dem wir den rechten Weg wählen. Er führt uns über die Höhe, bei gutem Wetter mit Blick auf die Berge, und dann in einer Senke auf den Waldrand zu. Diesem folgen wir, bis ein Wiesenpfad nach rechts abzweigt und uns bald über die Felder bis nach **Oberegg** leitet, unserem heutigen Etappenziel.

Nagelfluh-Felsen bei Rettenbach

Einkaufen:

Diverse Möglichkeiten in Ottobeuren

Penny, Gewerbestraße 20, 87733 Markt Rettenbach

Geöffnet werktags von 7.30 bis 20.00 Uhr.

Einkehr:

Bäckerei Konditorei Seitz, Ottobeurer Straße 14, 87733 Markt Rettenbach, Tel. 08392 234, www.baeckereiseitz.de

Übernachten in Oberegg:

Landhaus Löwenzahn, Obere Hauptstr. 43, 87782 Unteregg, Tel. 08269 96 03 99, www.landhaus-loewenzahn.de. *Nur nach Anmeldung.*

Ferienhof Preißinger, Obere Hauptstraße 55, 87782 Oberegg, Tel. 08269 1047

Mehrbettzimmer mit Gemeinschaftsbädern. Nur nach Anmeldung.

Willkommener Rastplatz

Ein Tor aus Bäumen

Das Übernachtungsangebot in Oberegg ist nicht sehr groß, obwohl auch der Crescentiaweg hierherführt.

In Mindelheim gibt es aber zahlreiche Hotels und Übernachtungsmöglichkeiten. Sie sind zusammengestellt unter: www.mindelheim.de/tourismus/mindelheimer-gastgeber-1/hotels-und-gasthoefe

Busanbindung: Zwischen 7.00 und 18.00 Uhr verkehrt ein Flexibus von Rappen nach Mindelheim. Fahrtdauer: ca. 50 Minuten. Letzte Fahrt um 18.06. Bestellung unter Tel. 08261 9096490. Die Bushaltestelle in Rappen liegt 650 Meter südlich von Oberegg. Um sie zu erreichen, wenden wir uns also auf der „Oberen Hauptstraße" nach rechts.

Crescentia begegnet uns überall

7. ETAPPE

OBEREGG – KAUFBEUREN

20,5 km /+346 m / -410 m / 6:30 h

Start 14,5 34 59 81,5 106 123 143,5

AUF DEN SPUREN DER HEILIGEN CRESCENTIA

Je mehr wir uns Kaufbeuren nähern, desto spürbarer wird die Verbundenheit der Region mit der Heiligen. Kapellen, Bildstöcke, Wandgemälde – Crescentia scheint allgegenwärtig zu sein. Zahlreiche, auch moderne Kapellen am Weg zeigen, dass bis heute die Menschen ihre Nähe suchen. Und wir vertrauen uns also den zweiten Tag ihrer (Weg-)Führung an und wandern durch eine sehr abwechslungsreiche Landschaft in ihren Wirkungsort Kaufbeuren, der uns mit seinem Charme und seiner Gastfreundlichkeit empfängt.

Durch das Mindeltal

In Oberegg nehmen wir den Pfad, der am Ferienhof Preißinger hinunter ins Tal führt. Zunächst am Zaun entlang und dann kurz zwischen Bäumen wandern wir am Feld hinunter zum Wehr der alten Säge. Direkt dahinter wenden wir uns nach links, weg vom Feldweg.

Nachdem wir die kleine Straße überquert haben, halten wir uns an der Gabelung rechts und überqueren die Mindel. Von der Wiese zweigt die Route nach rechts in den Wald ab und führt in den Querweg nach links weiter.

2,6km Die nächste zwar breite, aber kaum befahrene Straße bringt uns nach rechts bis zu einem Gebetsstock auf der rechten Seite.

Achtung: Hier weisen die Zeichen des Crescentia-Pilgerwegs nach links in einen verlockenden Pfad. Wer mag, kann hier einen Bogen schlagen über einen anfangs sehr schönen Weg am historischen Drei-Länder-Stein und einer Pilgertafel vorbei.

Unsere kürzere Alternative führt uns allerdings geradeaus weiter. Wir biegen erst bei nächster Gelegenheit links ab. An der folgenden Kreuzung treffen wir wieder auf den Crescentia-Weg und folgen diesem nach rechts.

Für eine ganze Weile bleiben wir auf dem Weg durch die sanfte Landschaft bis zu einer Straße, die uns links Richtung **Eggenthal** führt. Gegenüber dem Ortsschild lädt ein Wiesenweg ein, die Straße wieder zu verlassen

und an der kleinen Crescentia-Kapelle vorbei in den Ort hinabzusteigen. 6,7km

Wir folgen der Hauptstraße bis „Am Mühlbach", gehen dort geradeaus über die kleine Brücke und auf dem Pfad auf die Dorfkirche zu.

Rechts oberhalb davon beginnt an einer Mariengrotte der von Bäumen gesäumte Weg zur Maria-Seelen-Kapelle. 7,2km

Sehenswürdigkeit: Maria-Seelenberg
Als während des Dreißigjährigen Krieges Anfang des 17. Jahrhunderts auch in Eggenthal die Pest viele Opfer forderte, wurde auf dem bald Seelenberg genannten Hügel über der Stadt ein Pestfriedhof eingerichtet. Die Menschen schickten die Kinder zum Gebet hinauf, und diese kamen der Erzählung nach auf die Idee, daneben eine Marienkapelle zu errichten. Kurzerhand schleppten sie Material an und bauten mit Hilfe eines Zimmerers eine erste kleine Kapelle, die rund 30 Jahre bestand. Nach ihrem Verfall musste ein Neubau her, doch nachdem von ersten Gebetserhörungen berichtet worden war und immer mehr Gläubige auf den Seelenberg kamen, wurde auch diese zweite Kirche zu klein. Dem Petersdom in Rom nachempfunden, wurde die neue Kirche 1704 fertiggestellt und später noch einmal erweitert.

Hinter dem vor der Kapelle gelegenen Friedhof leitet uns der Pfad wieder hinunter, dort wenden wir uns nach rechts in „Zum Burggraben", bis wir die Durchgangsstraße erreichen.

Auf dieser Etappe folgen wir dem Crescentia-Weg

Impressionen am Wegrand

Wenige Meter weiter links schwenken wir in die Straße „Zum Schleifbach", die uns auf den Hang zuführt, und an der Gabelung vor dem Hügel bringt uns unsere Route rechts herum bergauf.

Am umzäunten Gelände nehmen wir den linken der beiden Wege und nach dem steilen Anstieg den rechten. So gelangen wir an einen Querweg, in den wir Richtung Irsee nach rechts abbiegen.

In **Wielen** zweigt unsere Route vor der Kapelle links ab und dann von der
10km Straße in der Linkskurve auf den Waldweg nach rechts.

Hinter dem Waldstück geht es nach rechts und an dem Querweg geradeaus. An der folgenden Kreuzung sind zwei Wanderwege nach **Irsee** ausgeschildert. Wir wandern geradeaus am Oggenrieder Weiher vorbei, der im
13,6km Sommer zum Baden einlädt, und dahinter rechts bis zum Kloster.

Sehenswürdigkeit: Kloster Irsee
Nachdem die mittelalterliche Kirche des Klosters Irsee teilweise eingestürzt war, wurde das Gotteshaus im Stil des Barock zwischen 1699 und 1702 neu gebaut. Beeindruckend ist die Außenansicht mit der Doppelturmfassade. Die Stuckarbeiten im Innenraum stammen von Joseph Schmuzer aus der berühmten Wessobrunner Schule, der auch die Gebrüder Zimmermann angehörten. Sehenswert ist ebenso die Kanzel, die die Form eines Schiffes aufweist, mit Mast und Segeln. Die original erhaltene Orgel von 1754 ist zudem erwähnenswert.

Am Kloster Irsee

Den Benediktinern im Kloster Irsee war die Fanziskanerin Crescentia Höß immer eng verbunden. Es war ein Irseer Pater, der nach ihren Visionen die Bilder für das Kaufbeurer Kloster malte, unter anderem den „Schulterwundenheiland“, der in Süddeutschland als Gemälde und in Skulpturen weitverbreitet ist. Die Plastik, die in der Klosterkirche in Irsee zu sehen ist, wurde vom gleichen Künstler geschaffen wie die Kanzel in Schiffsform: von Ignaz Hillenbrand.
Das Kloster wurde mit der Säkularisation 1803 aufgelöst. 1849 zog die erste schwäbische „Kreis-Irrenanstalt“ ein. Während des Nationalsozialismus wurden hier Menschen nicht nur zwangsweise sterilisiert, sondern auch ermordet. Es ist von bis zu 1.600 Personen auszugehen, die hier umgebracht worden sind. Neben dem heutigen Tagungs- und Kulturzentrum erinnert eine kleine Gedenkstätte an die Opfer.

Vom Kloster aus steigen wir zunächst entlang der „Marktstraße“ sowie das letzte Stück über einen Treppenpfad zur Stephanskirche auf. Wir durchschreiten den Friedhof und gehen dahinter am Parkplatz schräg rechts auf der „Hochstraße“ dorfauswärts.

Wir passieren das Marien-Kreuz, wo wir noch ein wenig weiter Richtung Süden wandern, bevor wir die nächste Abzweigung nach links wählen und an der Gabelung auf dem Sträßchen bleiben.

Wo es wieder bergab geht, folgen wir dem Asphaltweg in der Kurve nicht nach rechts, sondern laufen schräg links die Böschung hinab und jenseits

Zwischen Irsee und Kaufbeuren

der Straße durch die „Fazenda da Esperança" bis zur Gabelung, an der wir
15,7km uns rechts halten.

Auf dem schmalen, gut ausgebauten Wanderpfad erreichen wir einen breiteren Schotterweg, der nach links steil bergab führt. Wieder geht es über schmale Pfade und zwei Brücken, bevor wir nach einem Wegkreuz an einer Kreuzung eine Wiese überqueren und erneut in den Wald eintauchen.

Am Crescentia-Kreuz gelangen wir am Ortseingang von **Kleinkemnat** an eine Straße, die uns nach links zur Abzweigung nach Gutwillen leitet. Dort rechts abgebogen, nehmen wir bald über die Stufen den Pfad nach links zur Fatima-Kapelle. Der Umweg lohnt sich, weil er uns die Asphaltstraße er-
18,4km spart, vor allem aber wegen der grandiosen Aussicht auf die Berge.

Vor der Kapelle zweigen wir links ab und laufen zwischen den Zäunen, bis wir einen kleinen Bach überqueren. Dahinter biegen wir um den Zaun herum links ab auf einen Strommast zu. Davor gilt es, rechts zu gehen, und dann führt uns die Straße hinunter nach **Kaufbeuren**.

Unten angelangt, nehmen wir den Fußweg rechts entlang der „Kemnater Straße". Immer geradeaus erreichen wir nach dem Kreisverkehr die Stadt und gehen auf dem Weg „Unter dem Berg" nach rechts und an der Gabelung links den Schildern folgend zu unserem Etappenziel, dem Crescentiakloster in Kaufbeuren.

Franziskusstatue an der „Fazenda"

Crescentia ist allgegenwärtig

Sehenswürdigkeit: Kaufbeuren

Im Spätmittelalter brachte es die Stadt, die auf einen fränkischen Militärstützpunkt zurückgeht, zu beachtlichem Wohlstand, wofür bis heute die Stadtmauern, die großen Kirchen und nicht zuletzt die Kaiser-Max-Straße Zeugnis geben. Der vorübergehende Niedergang begann mit dem Dreißigjährigen Krieg: Danach hatte die Reichsstadt, die sich der protestantischen Lehre angeschlossen hatte, nur noch 800 Einwohner. Die Reichsfreiheit endete 1800. Seitdem gehört Kaufbeuren zu Bayern.

Besonderheit: Crescentia Höß

Die Stadt Kaufbeuren bezeichnet das Crescentiakloster im Herzen der Stadt als seine Urzelle. Die rund 300 Jahre nach Irmgards Tod 1150 von der Adligen Anna vom Hof in einem Meierhof gegründete Frauengemeinschaft schloss sich im Jahr 1315 dem Franziskanerorden an. Wichtigstes Mitglied der Gemeinschaft war die im Jahr 2001 heiliggesprochene, 1682 in Kaufbeuren geborene Anna Höß, bekannt unter dem Namen Crescentia von Kaufbeuren. 1703 trat sie dem Konvent bei, dem sie 41 Jahre bis zu ihrem Tod 1744 angehörte.
Crescentia war ein Kind aus armem Hause, und daran wäre ihre Aufnahme in den Orden beinahe gescheitert. Man erzählt, dass die junge Schwester, die erst auf Intervention des evangelischen Bürgermeisters hin aufgenommen wurde, einiges an Spott und Schikane zu erdulden hatte: So musste sie sogar Wasser mit einem Sieb schöpfen. Die junge Frau tat aber wie ihr geheißen – und überzeugte bald alle von ihren besonderen Begabungen, wegen denen sie schließlich sogar zur Oberin der Gemeinschaft gewählt wurde.

Aussicht auf die Berge

Der Rat Crescentias war bald weit über alle Grenzen sehr gefragt. Von 1.500 Schreiben ist die Rede, die jedes Jahr bei ihr eingingen und von ihr beantwortet wurden. Darunter auch Bitten um politische Ratschläge, wie etwa vom Kurfürsten von Köln. Wer die Möglichkeit hatte, suchte die Schwester direkt auf, und für alle Anliegen wusste Crescentia Antwort und Hilfe, ohne einen Unterschied zwischen den Ratsuchenden zu machen.
Crescentia war eine Seherin – sie selbst beschrieb ihre Visionen als „Schauen mit den Augen der Seele". Diese wurden teilweise noch zu Lebzeiten nach ihren Anweisungen in Gemälden festgehalten. Besonders eindrücklich sind ihr kindlich-feminines Bild des Heiligen Geistes und der „Schulterwundenheiland", der noch heute im ganzen süddeutschen Raum in zahlreichen Darstellungen anzutreffen ist.

Crescentias Geist-Vision

Das Crescentiakloster in Kaufbeuren

Einkehren in Eggenthal:

Gasthaus Krone, Restaurant und Gästezimmer, Kirchenstraße 3, 87653 Eggenthal, Tel. 08347 304, www. krone-eggenthal.de

Einkehren in Irsee:

Klosterbrauerei Irsee, Gasthaus und Hotel, Klosterring 1-3, 87660 Irsee, Tel. 08341 432200, www.irsee.com

Übernachten in Kaufbeuren:

Crescentiakloster, das Kloster bietet Pilgern Unterkunft in seinem gleich nebenan gelegenen Gästehaus Franziskus. Weitere Informationen sowie Anmeldung bei Sr. M. Christine Sontheim, Tel. 08341 907 0, www.crescentiakloster.de

Eine Übersicht über das vielfältige Angebot in Kaufbeuren findet sich unter: www.kaufbeuren-tourismus.de/gastgeberverzeichnis.html

Übernachten auf dem Weg vor Kaufbeuren:

Fazenda da Esperança - Gut Bickenried, Bickenried 2, 87660 Irsee Tel. 08341 9956260, www.fazenda.de/bickenried

Potzblitz – die Pfalz!
Von Gletschern, Echos und einem Himmelreich

Das Leseausflugsbuch für Einheimische und Touristen gibt Einblicke in Unbekanntes und Unerwartetes. Der Pfalzkenner Rolf Schlicher erzählt dazu die Geschichten und Hintergründe. Mit passenden Ausflugs- und Gastrotipps

Autor: Rolf Schlicher
1. Auflage 2022, Softcover
208 Seiten, mit zahlreichen Fotos und Übersichtskarte
ISBN 978-3-946777-22-9
18,95 €

Pilgerführer
Pfälzer Jakobswege

Reich bebildert, informativ, mit detaillierter Wegbeschreibung – unser Pilgerführer zu den Jakobswegen von Speyer bis Kloster Hornbach. Auf drei Strecken die Pfalz und den Pfälzerwald entdecken. Auch für ungeübte Wanderer.

Autorin: Beate Steger,
1. Auflage 2021, Softcover,
264 Seiten, mit zahlreichen Fotos und Karten
ISBN: 978-3-946777-15-1
14,95 €

GPS

Alter Kultort an der Stockkapelle

8. ETAPPE

KAUFBEUREN – LECHMÜHLEN **24,5 km /+122 m / -154 m / 6:15 h**

Start 14,5 34 59 81,5 106 123 143,5 168

AUF EINSAMEN WEGEN ZU EINEM ALTEN HEILIGTUM

Auch wenn der Anfang auf dem immer belebten ehemaligen Bahntrassenrad- und -wanderweg etwas anderes erwarten lässt: Auf dieser Etappe bewegen wir uns durch einsame Gegenden. Auf dem höchsten Punkt unseres Weges liegt die Wallfahrtskirche Maria Stock, umgeben von mehreren Keltenschanzen und vorgeschichtlichen Gräbern. Dies ist ein immer noch besonderer Ort und bis heute ein wichtiges Pilgerziel. Wir wandern über den Bergrücken, auf dem die Menschen von alters her ihre Gottheiten anbeteten, und wenden uns dann dem Lech zu, dessen Name wahrscheinlich auch keltischen Ursprungs ist und der die Grenze zwischen Schwaben und Altbayern bildete.

Morgen in Kaufbeuren

Auf einer Bahntrasse geht es aufs Land

Vom Brunnen vor dem Kloster in Kaufbeuren laufen wir über den „Salzmarkt" nach rechts bis zur „Kaiser-Max-Straße", wenden uns dort dem Rathaus zu und gehen links an diesem vorbei durch die Straße „Rosental" bis zu der großen Kreuzung. Diese überqueren wir, um auf der Bundesstraße Richtung München über die Brücke die Wertach zu passieren. Dahinter biegen wir nach links ab.

Kurz vor der nächsten Brücke über den Fluss folgen wir der „Kelsstraße" nach rechts und bewegen uns dann parallel zur Bundesstraße stadtauswärts. An der Fußgängerampel wechseln wir die Straßenseite und biegen gegenüber
2,5km der Kapelle auf den Radweg ein.

Dieser führt uns schnurgerade bis nach **Mauerstetten**, und wir folgen der ehemaligen Trasse des Sachsenrieder Bähnels, die heute als Rad- und Wan-
8,2km derweg dient, bis **Linden**.

Dort bleiben wir noch kurz auf der ehemaligen Bahntrasse, schwenken aber gleich hinter der Querstraße nach links in die „Blonhofener Straße". Diese geht bald in einen Feldweg über, der uns über die nächste Kreuzung hinweg weiter Richtung **Blonhofen** führt.

Hinter der nächsten Kreuzung befindet sich rechts ein kleiner Wassergraben, hier halten wir uns geradeaus. An der Gabelung wandern wir rechts
11,2km am Waldrand entlang und dann geradeaus auf das Dorf zu.

Über Feld und Flur

In Blonhofen laufen wir nach links Richtung **Eldratshofen**. Geradeaus wandern wir durch das Dorf, bis der Wanderweg nach rechts in den „Eldratshofener Weg" abzweigt. So nähern wir uns der kleinen Hügelkette, wenden uns davor nach links und nehmen sofort den Forstweg schräg rechts. Auf der Höhe gehen wir nach links auf die Häuser zu, und schon hinter dem ersten Haus folgen wir dem Weg nach rechts durch den Wald. 13,3km

An den folgenden Gabelungen halten wir uns rechts und laufen wieder aufs Feld und am Hochstand geradeaus. Dem ersten Querweg folgen wir nach links, dem zweiten nach rechts bis zur Straße, die uns hinauf nach **Engratshofen** führt. 15,8km

Ganz oben biegen wir rechts ab und wandern über die Hochebene bis zur Kapelle Maria Stock, die an der Landstraße liegt. 17,6km

Sehenswürdigkeit: Maria Stock-Kapelle

Auf dem Hügelkamm rund um die Maria Stock-Kapelle liegen einige keltische Hügelgräber – Zeugnisse dafür, dass dieser Ort schon sehr früh als heilig betrachtet wurde. Zu Lebzeiten der Seligen Irmengard verbreitete sich zwar das Christentum immer mehr, das bedeutete aber nicht, dass die Menschen vollständig von ihren alten heiligen Orten abließen. Vielerorts mischten sich die alten Kulte und der neue Glaube. So erinnert auch heute die Gründungslegende der Kapelle stark an ein Baumheiligtum. Waldarbeiter sollen hier eine stattliche Buche gefällt haben, in deren Baumstock sie zu ihrer großen Verwunderung

Hinauf nach Engratshofen

eine Marienfigur fanden. Sie nahmen das Bildnis mit nach Hause. Am nächsten Morgen mussten sie feststellen, dass es verschwunden war. Es war auf den Baumstumpf zurückgekehrt. So geschah es noch einige Male: Die Männer nahmen die Marienfigur mit, sie verschwand und stand wieder auf dem Stock, bis sie in die Kapelle gebracht wurde.
Die alte Geschichte wiederholte sich übrigens: Die Figur wurde 1968 gestohlen und 42 Jahre später wiedergefunden. Die Verehrung der Muttergottes vom Stock wuchs seit ihrer erneuten Aufstellung im Jahr 2011 noch einmal an.

Weiter geht es auf dem Feldweg gegenüber der Kapelle, auf dem wir uns an der Gabelung nach rechts wenden. Im Wald kommen wir an einem Kreuz vorbei und wählen dort den zweiten Weg nach rechts, der uns bis hinein nach **Asch** in den „Eschenweg" bringt. Dort biegen wir rechts ab bis zur Kirche. Dahinter nehmen wir den „Schloßweg" und wenden uns dann nach links. Die „Ascher Bahnhofsstraße" führt uns schließlich wieder aus
20,7km dem Ort.

Nach den letzten Häusern zweigen wir links auf den Feldweg ab. Das Überqueren des Gleises ist hier verboten. Ein kleiner Umweg links bis zur Straße und wieder zurück lässt uns die gegenüberliegende Seite erreichen. Von der Straße kommend wenden wir uns nun nach links, und auch am Kieswerk heißt es links abbiegen.

Wo der Asphalt endet, halten wir auf dem Feldweg die Richtung bei und

Die Stockkapelle steht auf einem alten Kultort

folgen an der Gabelung nicht der Via Claudia Augusta, sondern gehen links, um die Hauptstraße von **Lechmühlen** zu erreichen. Gleich gegenüber und 600 Meter weiter links befinden sich zwei Übernachtungsmöglichkeiten sowie Bushaltestellen.

Einkehren in Blonhofen:

Gasthaus Zitt, Restaurant und Übernachtungen, Ortsstraße 33, 87662 Kaltental-Blonhofen, Tel. 08344 515, www.max-zitt.de

Geöffnet mittwochs bis sonntags ganztägig. An Sonn- und Feiertagen Reservierung erbeten.

Übernachten am Lech:

Landhotel Römerkessel, Römerkessel 1, 86925 Fuchstal, Tel. 08243 9930083, www.roemerkessel.com

Ruhetage: Mittwoch und Donnerstag

Hohenwart Boarding House & Hotel, Hohenwart 1, 86925 Fuchstal, Tel. 08243 2231, www.hohenwart-hotel.de

Busverbindung nach Landsberg am Lech: Vor beiden Häusern befinden sich Bushaltestellen, von denen aus das Anrufsammeltaxi (AST) A22 nach Landsberg am Lech verkehrt. Abfahrt ist bis 19.28 Uhr (ab Hohenwart) immer um 28 Minuten nach der vollen Stunde, die Fahrtzeit beträgt bis zum Hauptplatz 13 Minuten. Eine Voranmeldung spätestens 45 Minuten vor Abfahrt ist erforderlich unter der Tel: 0800 1922244.

Der Tag beginnt an der Marienkapelle

9. ETAPPE

LECHMÜHLEN – DIESSEN AM AMMERSEE **26 km /+156 m / -247 m / 7:00 h**

Start 14,5 34 59 81,5 106 123 143,5 168 194

AUSSICHT UND INNENSICHT

Von nirgendwo hatten wir bisher eine so spektakuläre Aussicht auf die Berge wie von Reichling aus. Und selten haben wir so mystischen Wald durchwandert wie auf dem schmalen Weg oberhalb des Lechs. Offene Felder und Waldabschnitte wechseln sich ab, und nach sehr einsamen Passagen erwartet uns am Ende des Tages das trubelige Städtchen Dießen am Ammersee mit seinem beeindruckenden Marienmünster – und einer weiteren Heiligen: Mechthild von Dießen.

Am Lech entlang nach Süden

Dieser Tag beginnt an der Marienkapelle in Lechmühlen. Hinter der Lechbrücke steigen wir die Treppe zum Ufer hinunter und wenden uns von den Stufen kommend nach links, Richtung Süden.

Nach der Staustufe müssen wir links hinauf und in den Asphaltweg nach rechts einschwenken. Wir gehen auch dort weiter geradeaus, wo der Asphalt in einen Feldweg übergeht. Der Pfad folgt dem Ufer des Lechs durch wunderschönen Wald, bevor er sich mit einem von links kommenden Weg vereint
6,1km und an einem Feld entlang mit Blick auf die Berge geradeaus weiterführt.

An der kleinen Straße laufen wir rechts bis zur kleinen Kapelle hinunter, und dahinter – tatsächlich hinter dem kleinen gestalteten Platz – steigen wir den steilen Kreuzweg hinauf bis zur Wiese und gehen dann hinüber zur Straße. Nach dem Flurkreuz zweigen wir nach links ab und erklimmen den Wurzberg, den man auch den „Balkon des Voralpenlandes" nennt. Und das ist nicht zu viel versprochen: Die Aussicht bei klarem Wetter ist fantastisch! Und wer weiß? Vielleicht hat Irmengard genau wie wir staunend und dankbar vor die-
8km sem Panorama gestanden.

Anschließend gehen wir auf die Kirche von **Reichling** zu, nehmen die Treppen zum Kirchhof hinauf und auf der anderen Seite wieder hinunter. Hinter dem Tor wenden wir uns nach rechts zur Straße und laufen dort links, erst die „St.-Nikolaus-Straße" und dann die „St. Leonhardsstraße" entlang bis zur
8,6km „Weißenbergstraße", in die wir rechts abbiegen.

Bei klarer Sicht ist die Aussicht gigantisch

Wir wandern aus dem Ort heraus und folgen den Schildern nach **Reichlingsried** nach rechts. Am Ende des Dorfes biegen wir links ab.

Wir erreichen **Ludenhausen** und wenden uns dort am „Wirthsweg" nach rechts und gehen an der Kirche auf der „Abtsrieder Straße"rechts vorbei. 12,1km

Achtung: Bis zur nächsten Sitzgelegenheit sind es acht Kilometer – es ist also ratsam, hier noch eine Pause einzulegen!

Obwohl hinter dem Dorf die Straße Richtung Dießen nach links abzweigt, führt unsere Route geradeaus weiter. Wo der Asphalt endet, beginnen zwei sehr gerade Kilometer auf dem Schotterweg. Dann treffen wir in **Abtsried** schließlich auf eine Straße. 17,1km

Ab hier ist ein Wanderweg beschildert, die „Dettenschwanger Runde". Den Schildern folgen wir für gut 400 Meter entlang der Straße nach rechts und nutzen die erste Möglichkeit, mit ihnen nach links abzubiegen. Der beschilderte Wanderweg führt genau wie unsere Route über die Querwege geradeaus und an den folgenden beiden Gabelungen rechts.

Und dann treten wir aus dem Wald, gehen gleich im spitzen Winkel nach links und werden dort von einer Bank und einer wunderbare Aussicht erwartet. 20,3km

Reichling liegt wahrhaft malerisch

Der Weg leitet uns nun am Waldrand entlang zu einem asphaltierten schmalen Sträßchen, auf dem wir nach rechts wandern. Auch am nächsten Querweg gilt es, rechts abzubiegen und so die „Dettenschwanger Runde“ zu verlassen. Von hier aus kann man über dem gegenüberliegenden Ufer des Ammersees bereits unser morgiges Ziel, die Andechser Klosterkirche, sehen. Immer geradeaus gelangen wir nun Richtung **Dießen**.

22,4km An der nächsten Wegekreuzung zeigt sich südwestlich in der Ferne der andere heilige Berg, der Hohenpeißenberg, und dahinter die Zugspitze.

Entlang der Straße laufen wir durch den Ortsteil Wengen. Schließlich wenden wir uns in St. Georgen auf dem „Waffenschmiedweg“ nach rechts auf die Kirche zu.

Sehenswürdigkeit: St.-Georg-Kirche in Dießen
Die auf eine Klostergründung im Jahr 815 zurückgehende Kirche im Stadtteil St. Georgen war von 1132 bis zur Säkularisation 1803 Pfarrkirche Dießens. Das Gebäude, errichtet auf einem Felsen und umgeben von wehrhaften Mauern, strahlt die gleiche Kraft aus wie ihr Patron, der Drachenkämpfer Georg. Die heutige Kirche entstand in der Spätgotik um 1500 und wurde Mitte des 18. Jahrhunderts erweitert. Eine Besonderheit sind der ummauerte Höhenfriedhof und das Beinhaus neben dem Portal.

In Ludenhausen

Wir gehen über den Kirchhof, durch das hölzerne Tor und die überdachte Treppe wieder hinaus. Nun steigen wir rechts über die „St.-Georg-Straße" und die „Johann-Michael-Fischer-Straße" über „Am Kirchsteig" rechts hinauf, kommen an der Kreuzkapelle vorbei und wandern durch die Kastanienallee bergab auf das Marienmünster zu. Dahinter führt uns ein Durchlass zur Hauptstraße, die uns nach rechts zum Ammersee hinunterführt.

Sehenswürdigkeit: Marienmünster

Bevor die ehemalige Stiftskirche der Augustiner Chorherren und heutige Pfarrkirche Mariä Himmelfahrt seit dem Jahr 1739 in ihrer barocken Pracht erstrahlte, stand an dieser Stelle schon ein romanischer und danach ein gotischer Vorgängerbau. Das Gotteshaus gilt als eines der wichtigsten Bauwerke des Münchner Baumeisters Johann Michael Fischer. Die Innenausstattung stammt wiederum von einem Mitglied der Wessobrunner Schule, nämlich von Johann Georg Üblhör sowie von den Augsburger Gebrüdern Franz Xaver und Johann Michael Feichtmayr. Auch die Deckenmalereien und Seitenaltäre sind allesamt von berühmten Künstlern ihrer Zeit gefertigt.

Hervorzuheben ist besonders der „Dießener Himmel" von Johann Georg Bergmüller, der als einer der bedeutendsten Kunstmaler des Barock gilt. Er gestaltete die Kuppel über dem Altar mit 28 Heiligen und Seligen des Hauses Andechs-Meranien. Auch Mechthild von Dießen, Hedwig von Schlesien und Elisabeth von Thüringen befinden sich unter denen, die sich über den Köpfen der Gläubigen auf dem Deckengemälde um Christus scharen.

Geradeaus geht es durch den Wald

Georgskirche

Besonderheit: Mechthild von Dießen

Schon im Alter von fünf Jahren wurde Mechthild um das Jahr 1130 von ihrem Vater Berthold II. von Andechs ins Kanonissenstift in St. Georgen gegeben. Sie bewährte sich schnell, und als sie heranwuchs, wurde sie zunächst Novizinnenmeisterin. Der Papst berief sie 1153 als Äbtissin der Abtei Edelstetten, um den dortigen kriselnden Konvent zu ordnen. Der zuvor geäußerten Bitte des Augsburger Bischofs hatte sie nicht entsprochen, dem Auftrag des Papstes musste sie nun aber folgen. Sie hatte wohl gewusst, warum sie erst unter kirchlichem Zwang nach Edelstetten ging: Die dortigen adeligen Stiftsdamen hatten keinerlei Interesse an geistlichen Reformen, und Mechthild kehrte sechs Jahre später erfolglos und von schwerer Krankheit gezeichnet nach Dießen zurück, wo sie schon kurz darauf verstarb.

Die Geschichte zeugt dennoch von ihrem Selbstbewusstsein, das ihr bis heute nachgesagt wird. Außerdem wird sie in der Ammerseeregion auch für ihre Gabe der Krankenheilung verehrt. 1468 erfolgte die Erhebung ihrer Gebeine, und ihr Sarg im Marienmünster in Dießen wurde Ziel zahlreicher Wallfahrerinnen und Wallfahrer, die sie vor allem auch um ihre Fürbitte für gutes Wetter bei Aussaat und Ernte anriefen. Mechthild gilt im Heiligenkalender als Patronin gegen Gewitter.

Das Marienmünster in Dießen

Einkaufsmöglichkeit:

Penny-Markt in Ludenhausen, Straßäcker 1, 86934 Reichling-Ludenhausen
Geöffnet werktags von 7.30 bis 20.00 Uhr. Wegbeschreibung: Vor den ersten Häusern von Ludenhausen links abbiegen. Entfernung: 500 Meter.

Übernachten:

Diverse Möglichkeiten in Dießen und am Ammersee:
https://buchung.starnbergammersee.de

Direkt am Seeufer liegt der Haltepunkt der Bahnlinie. Dadurch gibt es die Möglichkeit, auch Unterkünfte außerhalb von Dießen selbst zu wählen.

Wegkreuz in den Ammerauen

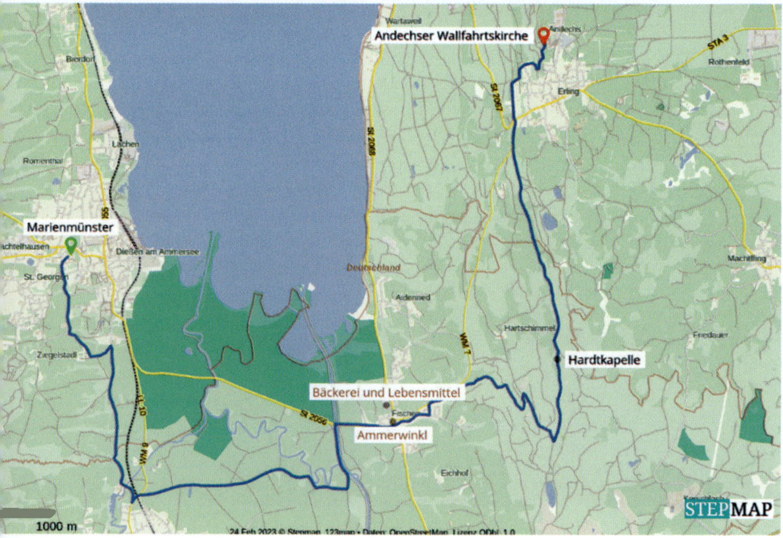

10. ETAPPE

DIESSEN – ANDECHS **19 km /+238 m / -122 m / 5:15 h**

Start · 14,5 · 34 · 59 · 81,5 · 106 · 123 · 143,5 · 168 · 194 · 213

ZUM HEILIGEN BERG

Von Dießen nach Andechs – zwei Varianten

Es ist wahr: In dem Moment, in dem man den Heiligen Berg von Dießen aus zum ersten Mal sieht, fühlt man sich magisch von ihm angezogen. Und egal, ob man zu Fuß um den Ammersee herumgeht, das Vogelschutzgebiet in seinem Süden durchwandert und sich schließlich über den aussichtsreichen Rücken des Berges dem Kloster nähert oder ob man direkt mit dem Schiff übersetzt und durch das Kiental nach Andechs hinaufsteigt: Mit jedem Schritt begreift man besser, warum Menschen dieser Ort als so besonders gilt – auch wenn man es vielleicht gar nicht wirklich erklären kann.

Auf der anderen Seite des Sees liegt Andechs

An der Ammer

Zu Fuß:

Wer zu Fuß um den Ammersee herumwandern möchte, startet am Portal des Marienmünsters, geht schräg links auf dem Jakobsweg, verlässt ihn aber auf der „Probst-Herkulan-Karg-Straße" geradeaus sofort wieder. Dieser Straße folgt unsere Route, bis sie zu einer T-Kreuzung gelangt, in die sie nach links und vor den nächsten Häusern scharf rechts abbiegt.

Hinter dem kleinen Elektrizitätswerk zeigen die Schilder des König-Ludwig-Wegs mit dem blauen, gekrönten „K" an der Gabelung nach links. Diesen Schildern können wir uns bis Fischen anvertrauen. Also verlassen wir bei nächster Gelegenheit den Asphaltweg geradeaus auf den Feldweg und wandern jenseits des Querwegs auf dem Wiesenpfad weiter. In den nächsten Feldweg wenden wir uns nach links und erreichen einen großen Hof. Dort laufen wir auf der Zufahrtsstraße nach links an der Bahn entlang und
4,2km am Raistinger Ortseingangsschild scharf links auf die Straße.

Schon bei nächster Gelegenheit gehen wir rechts und dann sofort links. Nun wandern wir durch das Naturschutzgebiet am Südufer des Ammersees und erreichen schließlich einen Querweg, an dem wir den beschilderten Wanderwegen nach links an der Ammer entlang Richtung Fischen folgen.

Über den Heiligen Berg

Naturerlebnis: Vogelfreistätte Ammersee Südufer
In einem der bedeutendsten Feuchtgebiete Bayerns lassen sich zahlreiche seltene Vogelarten beobachten. Das Binnendelta, durch das die Ammer in den See fließt, ist nach dem nicht zugänglichen Achendelta am Chiemsee das zweitgrößte in Süddeutschland. Hier können wir mit etwas Glück dem Braunkehlchen, dem Wiesenpieper oder dem Großen Brachvogel begegnen.

Der Wanderweg geht zunächst unter der Brücke hindurch, um sie dann auf dem Fußweg zu überqueren und führt schließlich entlang der Straße auf dem Feldweg weiter bis zur großen Kreuzung nach **Fischen**. Links von hier befindet sich in etwa 300 Metern Entfernung ein Supermarkt mit Bäckerei. 9,1m

In Fischen setzen wir unsere Route fort und gehen bis zu der großen Straßenkreuzung und an der Kapelle rechts vorbei und längs des Baches leicht bergauf. Gegenüber von Haus „Am Weißbach 52" biegen wir links ab und wenden uns auf der Landstraße nach rechts. Am Ortsausgangsschild nehmen wir die „Buchenstraße", die uns in den Wald führt. Dort halten wir uns an der Gabelung rechts, folgen dem breiten Feldweg den steilen Anstieg hinauf und wandern in einigen weiten Kurven leicht ansteigend quasi eine Ebene höher.

Wir treffen erneut auf eine Gabelung, an der sich der geradeaus weiterführende Weg wieder senkt. Wir gehen aber fast im rechten Winkel nach

Blick über den See zurück nach Dießen

rechts nur ein paar Meter leicht bergab, um dann vor einer Moorfläche in den Querweg rechts einzubiegen. Der gut ausgebaute, breite Schotterweg lenkt uns durch den Wald, bis wir nach einer kleinen Senke wiederum auf einen Querweg treffen, an dem es scharf links weitergeht. Andechs ist hier erstmals ausgeschildert, genauso wie auch an der nächsten Gabelung. Somit gehen wir nun dem Münchner Jakobsweg entgegen.

12,5km

Wunderschön führt der breite Weg über die Höhe des Heiligen Berges, vorbei an Moorflächen, durch Wald und über Wiesen. Und vor allem wandern wir bald wie über eine Terrasse oberhalb des Ammersees, den wir in seiner Gänze überblicken können. Am gegenüberliegenden Ufer steht das Marienmünster von Dießen und sieht von hier fast noch beeindruckender aus als bei unserem Start am Morgen.

Danach treten wir wieder in den Wald ein und gehen links bis zu einem Parkplatz. Dahinter lenkt uns ein schmaler Fußpfad an der Straße entlang zur Kreuzung bei **Erling**. Wir orientieren uns hier nicht an den Straßenschildern Richtung Andechs, sondern laufen geradeaus in die Sackgasse.

17km

Am Ende der „Erlinger Höhe" zweigt hinter dem Wendekreis nach rechts ein Wanderweg ab und führt am Zaun entlang bergauf. Oben geht es nach links weiter, und wir erblicken die Klosterkirche von **Andechs**, sobald wir aus dem Wald treten. Wir schwenken in das kleine Wohngebiet ein, biegen dort links ab in den „Wartaweiler Weg" und folgen den Schildern auf dem

Der malerische Höhenzug führt uns nach Andechs

Fußweg die Treppe hinunter und über die Brücke. Dahinter halten wir uns links und nehmen nicht gleich die Treppe hinauf nach rechts, sondern erst den breiten Weg hinter dem Gebäude, das auf der linken Seite am Bach steht.

Hinter einer weiteren Treppe erreichen wir eine Kapelle, an der es geradeaus – wiederum über Stufen – zur Klosterkirche von Andechs hinaufgeht.

Sehenswürdigkeit: Andechs – der Heilige Berg Bayerns
Nachweislich pilgern Gläubige seit dem 12. Jahrhundert nach Andechs, nirgendwo in Bayern sei eine ältere Wallfahrt belegt, behaupten die Andechser. Außer wahrscheinlich auf Frauenchiemsee, wohin offenbar Irmengard schon kurz nach ihrem Tod die Gläubigen lockte. Das Ziel der Menschen hat sich trotzdem verändert: Anfangs kamen sie, um die vom Grafen Rasso von Andechs wohl schon im 10. Jahrhundert aus dem Heiligen Land mitgebrachten Reliquien zu verehren – und sie taten dies nicht zuletzt auf Geheiß des Grafen Berthold II., der seinen Untertanen diese alljährlichen „Heiltums"-Wallfahrten im Jahr 1128 befahl.
Als das Grafengeschlecht im 13. Jahrhundert untergegangen war und die Burg zerstört wurde, ging auch der Heiltumsschatz mit den Reliquien und den Heiligen Drei Hostien, die dessen Kernstück bilden, verloren. Er wurde erst 1388 wiedergefunden. Seit 1455 leben Benediktiner auf dem Berg, deren Kloster der Wittelsbacher Herzog Albrecht III. gründete, um von nun an die Wallfahrt zu

Pilgerin vor der Wallfahrtskirche

Wie eine Burg gebaut: Andechs

betreuen. Die Menschen warteten oft stundenlang, um eine der Reliquien, zum Beispiel ein Stück einer Dorne aus der Dornenkrone, gezeigt zu bekommen. Sie glaubten daran, dass eine Reliquie wie die reale Präsenz der Person wirke, von der sie angeblich stammt.

Neben den Reliquien und den Heiligen Drei Hostien wurde aber im Laufe der Zeit die Verehrung der Gottesmutter immer wichtiger. Das Gnadenbild am Hochaltar zieht bis heute die Pilgernden an.

Schon kurz nach der Säkularisation 1803 lebte die Andechser Wallfahrt wieder auf und bekam noch einmal eine neue Wendung, als nach dem Zweiten Weltkrieg viele Schlesier hierher pilgerten: Sie verehrten die Heilige Hedwig an ihrem Geburtsort.

Besonderheit: Hedwig von Andechs

Wer heute nach Andechs kommt, kann sich leicht vorstellen, dass das gegenwärtige Kloster auf dem Grundriss der alten Burg errichtet ist: dem Stammsitz der Grafen von Andechs, der sich hier bis zur Mitte des 13. Jahrhunderts befand. Das Geschlecht war mit den Staufern eng verbunden und infolgedessen sehr einflussreich, weit über Bayern hinaus und sogar südlich der Alpen. Zahlreiche Heilige und Selige entstammen dieser Familie, darunter auch die heilige Hedwig, die vor allem als Hedwig von Schlesien bekannt ist, oder die heilige Elisabeth von Thüringen.

Hedwig wurde 1175 in Andechs geboren und als Zwölfjährige mit dem schlesischen Königssohn Heinrich vermählt, der über einen großen Teil Polens herrschte. Es war die Zeit, in der der bereits christliche Westen auf die slawi-

Die Aussicht vom Heiligen Berg

schen Gebiete traf. Hedwig trug maßgeblich zu einer Prägung des Landes bei, in der neben Ordensgründungen auch Krankenhäuser, Armenhilfe und Stiftungen für Witwen und Waisen eine wesentliche Rolle spielten. 1209 gelobte das Paar Keuschheit, und nach dem Tod ihres Mannes lebte Hedwig als einfache Nonne in dem von ihr 1203 gegründeten Kloster Trebnitz. Schon 24 Jahre nach ihrem Tod wurde Hedwig 1267 heiliggesprochen und bis heute verehrt als Wohltäterin.

Einkaufsmöglichkeiten unterwegs:
Bäckerei und Supermarkt in Fischen und Andechs

Einkehr:
Diverse Möglichkeiten in Andechs

Übernachten:
Hotel zur Post, Starnberger Straße 2, 82346 Andechs, Tel. 0815 91820, www.hotelzurpost-andechs.de
Kloster Andechs, vor Corona hat das Kloster Pilgernde aufgenommen, die auf dem Jakobsweg unterwegs waren. Tel. 08152 3760, www.andechs.de/kloster/gaeste/jakobspilger

Im schönen Kiental

Die Wanderung beginnt am Schiffsanleger in Herrsching

Lichtstimmung im Kiental

4,8 km /+160 m / -0 m / 1:40 h

VARIANTE:

Mit dem Schiff von Dießen nach Herrsching und durch das Kienbachtal

Vom Schiffsanleger in Herrsching kommend gehen wir geradeaus in die „Seestraße" und gelangen über die „Weinhartstraße" bis zur „Schönbichelstraße", in die wir nach links einbiegen. Hinter der Martinskirche wenden wir uns nach rechts auf die „Andechsstraße". Der Aufstieg durch das schöne Kiental erfolgt zunächst über die gleichnamige Straße und dann über einen breiten Waldweg. Kurz vor dem ersten Gebäude biegen wir in spitzem Winkel nach links ab. Hinter einer Treppe erreichen wir eine Kapelle, an der es geradeaus – wieder über Stufen – zur Andechser Klosterkirche hinaufgeht.

Schiffsverbindung Dießen-Herrsching
Alle Informationen zu der Überfahrt von Dießen nach Herrsching finden sich unter www.seenschiffahrt.de, Tel. 08143 94021.

Am Malsinger See

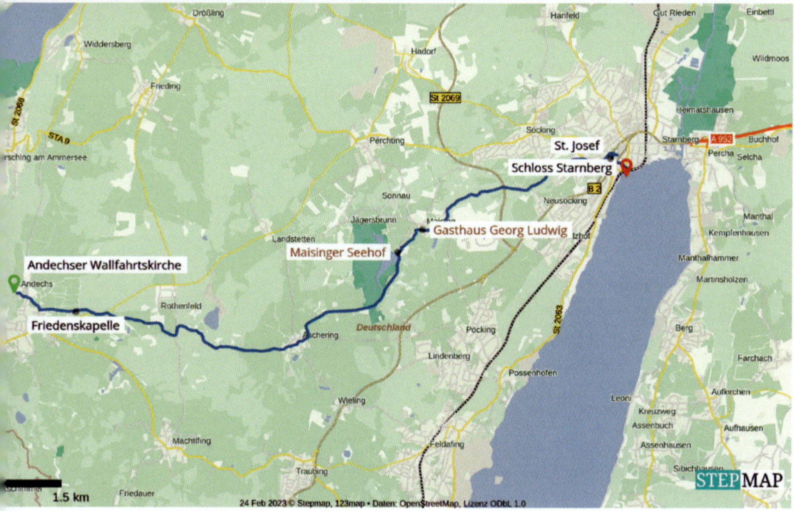

11. ETAPPE

ANDECHS – STARNBERG **16 km /+38 m / -153 m / 4:00 h**

Start 14,5 34 59 81,5 106 123 143,5 168 194 213 229

RUHE ZWISCHEN DEN SEEN

Das Land zwischen dem Ammer- und dem Starnberger See ist geprägt vom Andechser Klosterwald, vom Naturschutzgebiet rund um den Maisinger See und nicht zuletzt von der Maisinger Schlucht. Wenn wir kurz hinter Andechs an der Justizvollzugsanstalt in Rothenfeld vorbeiwandern, bleiben die Gedanken nicht aus: Freiheit und Unfreiheit, Begrenzung und Entgrenzung, Gehorsam und Ungehorsam. Inmitten wunderschöner Natur stellen sich auf dieser Etappe also durchaus herausfordernde Fragen. Wir können aber auch einfach eintauchen in die schöne Natur, die hier zwischen den Seen noch Ruhe und Einsamkeit schenken möchte – allerdings auch nur bis zum Seehof am Maisinger See. An warmen Tagen teilen wir uns den Weg durch die kühle Maisinger Schlucht mit vielen Ausflüglern aus dem nahen und trubeligen Starnberg.

Abschied vom Heiligen Berg

Diese Etappe beginnt vor der Andechser Klosterkirche. Wir gehen den Weg hinunter bis zum großen Parkplatz und rechts an diesem vorbei auf den „St.-Elisabeth-Weg". Hinter dem Feuerwehrhaus zweigt vor der zehnten Kreuzwegstation der Wanderweg nach Starnberg ab. Der Passionsweg leitet uns bis zur Friedenskapelle auf dem Friedhof. Hier stand schon in früheren Zeiten ein Kreuz, an dem sich die Pilger sammelten, um gemeinsam den Heiligen Berg zu erklimmen. Hinter dem Friedhof gehen wir an der Kreuzung schräg rechts geradeaus in den Wald.

Hinweis: Erling
Wir wandern auf einer historischen Handelsstraße, die schon in römischen Zeiten von Bregenz nach Salzburg führte und die vielleicht sogar Irmengard auf ihrem Weg zum Chiemsee nutze. Es ist belegt, dass hier oben rund um den Heiligen Berg auch die Kelten siedelten. Sicher belegt ist Erling urkundlich seit dem Jahr 776, und erst 700 Jahre später wurde das Kloster Andechs gegründet, dem das Dorf fortan unterstand. Nach der Säkularisation wurde Erling eigenständig und blieb es bis 1978. Seitdem bildet es mit zwei anderen ehemals selbstständigen Dörfern die Gemeinde Andechs.

Wir erreichen eine Straße, die wir überqueren, um anschließend nach links ein Stück an ihr entlangzuwandern, bis wir bei nächster Gelegenheit rechts abbiegen. An der Gabelung halten wir uns links Richtung Rothenfeld. Hinter der Justizvollzugsanstalt umrunden wir das Wasser-Schutzgebiet – im-

mer direkt am Zaun entlang, dann biegen wir nach links in die kleine Straße ein, die wir so bald wie möglich nach rechts wieder verlassen.

Im Andechser Klosterwald überqueren wir die Kreuzung an dem Feld, wenden uns am nächsten Querweg nach links und an der darauffolgenden Gabelung gehen wir geradeaus. Und auch dort, wo wir an dem kleinen Moor aus dem Wald treten, behalten wir die Richtung bei bis nach **Aschering**. Dort nehmen wir den „Bachweg" nach rechts und wandern dann zwischen 6,3km Kirche und Bach weiter.

Am Ortsrand biegen wir nach links Richtung Maising ab und wählen die Route am Nordufer des Starnberger Sees entlang, auf der – in der Gegenrichtung – auch die Hauptroute des Münchner Jakobswegs verläuft, die von München an den Bodensee führt.

Variante:
Hier beginnt auch die Variante des Münchner Jakobsweges, der entgegengesetzt man geradeaus Richtung Pöcking und bis zum Starnberger See gehen könnte, um dort mit dem Schiff überzusetzen. (Bitte unbedingt den Fahrplan beachten – vor allem außerhalb der Hauptsaison! www.seenschiffahrt.de)

Im Naturschutzgebiet Maisinger See

Magischer Wald

Vor einer Anhöhe, auf der ein Bauernhof steht, nehmen wir den geschotterten Feldweg nach rechts und folgen damit dem König-Ludwig-Weg. Die Brücke über den Fallbach überqueren wir nicht, sondern wandern Richtung Maising durch das Naturschutzgebiet längs des kleinen Baches. Der Maisinger Seehof wartet mit einer Badestelle auf müde Wanderfüße und mit einer beschaulichen Aussicht auf den See neben dem schön gelegenen Biergarten.

9,5km

Naturerlebnis: Maisinger See

Die Mulde ist ein Relikt der Eiszeit, seine Stauung aber ein Werk der Mönche: Der Maisinger See sollte damals, Ende des 17. Jahrhunderts, als Fischgewässer den Hunger bekämpfen. Der See verlandet zusehends, und das Gebiet bietet mit einzigartigen Moorflächen und Schilfpflanzen einen Lebensraum, in dem zahlreiche Tiere und Pflanzen ihr Refugium gefunden haben. Am Seehof ist aber Baden immer noch möglich.

Die kleine Zufahrtsstraße führt uns über eine Brücke, dahinter zweigt der König-Ludwig-Weg sofort nach rechts ab. Knapp hundert Meter, bevor wir die Straße wieder erreichen würden, biegen wir in den schmalen Pfad nach rechts ab. Am Gasthaus Georg Ludwig schwenken wir nach rechts in die Straße ein, der wir durch **Maising** folgen, bis nach links der „Schluchtweg" abbiegt, von dem nach rechts der Weg durch die Maisinger Schlucht beginnt.

10,8km

Der See lädt zum Baden ein

Über uns thront das Starnberger Schloss

Dort, wo das Tal sich weitet, bleiben wir an der Seite des Maisinger Baches bis zu den ersten Häusern von **Starnberg**. Die kleine Zufahrtsstraße zum Wasserwerk führt uns in die „Söckinger-Straße", in die wir nach rechts wandern. Hinter der „Ottostraße" überqueren wir an der Fußgängerampel die Straße und gehen geradeaus in den „Ostheimerweg".

Vor der Musikschule wenden wir uns kurz nach links und laufen auf dem „Schloßweg" leicht links geradeaus weiter. Die kleine Straße geht in einen Fußweg über, und dort, wo wir einen Aufstieg nach rechts erreichen, nehmen wir die Stufen bergauf. Wir unterqueren die Zufahrt zum Schloss, das links über uns thront.

Sehenswürdigkeit: Starnberger Schloss
Die Lage über dem Nordufer des Sees lässt vermuten, dass der strategische Punkt schon früh genutzt wurde. Die erste belegte Burg gehörte den Grafen von Andechs. Sie ging an die Wittelsbacher über, als das Geschlecht der Andechser Mitte des 13. Jahrhunderts ausgestorben war.
300 Jahre später baute Herzog Wilhelm IV. statt der mittelalterlichen Burg ein Renaissance-Schloss, das später in ein Lustschloss und eine Sommerresidenz umgebaut wurde, bevor es im Dreißigjährigen Krieg 1643 zerstört wurde.
Barockisiert wiederaufgebaut, wurde es noch einmal zerstört, nämlich durch einen Brand 1734. Die staatliche Nutzung seit Beginn des 19. Jahrhunderts bewahrte das Gebäude vor dem vollständigen Zerfall. Zusammen mit der sehenswerten Josefskirche liegt das Schloss weit sichtbar oberhalb der Stadt.

Ruheoase Schlossgarten

Stufen führen von der Josefskirche in den

Allerdings wenden wir uns nach rechts und nehmen die steile Treppe hinauf zum Rosengarten. Oben angekommen, gehen wir geradeaus rechts an der Mauer entlang und dann links durch das Tor.

Sehenswürdigkeit: Schlossgarten und Josefskirche
Von der Josefskirche und dem vom Schlossgarten aus zu erreichenden Aussichtsplateau bietet sich eine fantastische Aussicht auf den See und die Alpen. Wohl deshalb steht die Kirche auf dem Platz, auf dem einst das Tanz- und Gästehaus des Schlosses stand. Kurfürst Max III. Josef ließ diese Gebäude aber niederreißen und schenkte Grundstück und Baumaterial der Stadt. Seit 1766 befindet sich an dieser Stelle die von bedeutenden Baumeistern im Rokokostil gestaltete Kirche, daneben lockt ein liebenswertes Kleinod: In den 1970er-Jahren hat die Stadt den historischen Renaissancegarten neu angelegt. Hier wartet einer der schönsten Orte Starnbergs auf uns.

Nach dem Besuch des Gartens setzen wir unseren Weg durch den Ausgang hinter der Aussichtsplattform fort und schwenken außerhalb der Mauern nach rechts. Dort befindet sich der Eingang zum Kirchhof der Josefskirche. Gleich unterhalb des Friedhofs führt eine Treppe nach Starnberg hinunter.

Jenseits der „Hauptstraße" wenden wir uns an der Gabelung nach links und gelangen über die „Theresienstraße" zum „Bahnhofsplatz". Links befinden sich der Bahnhof und der Durchgang zum See.

Etappenziel Starnberger See

Übernachten in Maising:

Maising: Gasthof Georg-Ludwig, Ortsstraße 16, 82343 Maising, Tel. 08151 3445, www.gasthaus-georg-ludwig.de

Übernachten am Starnberger See:

Aufkirchen: Landgasthof Die Post, Marienplatz 2, 82335 Berg am Starnberger See, Tel. 08151 446120, www.post-aufkirchen.de

Diverse Möglichkeiten in Starnberg und am Starnberger See bis Leoni unter: https://buchung.starnbergammersee.de

Einkehr:

Maisinger Seehof, Seestraße 14, 82343 Maising, Tel. 08151 744242, www.maisingerseehof.de
Gasthof Georg-Ludwig, Ortsstraße 16, 82343 Maising, Tel. 08151 3445, www.gasthaus-georg-ludwig.de

Lindenallee bei Aufkirchen

12. ETAPPE

STARNBERG – WOLFRATSHAUSEN **24 km /+278 m / -272 m / 7:00 h**

Start 14,5 34 59 81,5 106 123 143,5 168 194 213 229 253

ALLES FLIESST

Wenn man zwischen den gut bewachten Villen am Starnberger See unterwegs ist, fühlt man sich manchmal etwas abgeschnitten und fehl am Platze: Es gibt kaum einen Zugang zum See, und man hat fast das Gefühl, wie auf Schienen zu sein, von denen man weder nach rechts noch nach links ausweichen kann. Das ändert sich hinter Schloss Berg, wo wir im Park auf die Stelle treffen, an der der legendäre Bayernkönig Ludwig gestorben ist. Von Leoni aus wandern wir auf dem Kreuzweg zur Wallfahrtskirche in Aufkirchen. Über den Hügelrücken erreichen wir den dritten der vier großen Donauzuflüsse: Die Isar fasziniert mit einer Wildheit und Ungezähmtheit, die überrascht und in den Bann zieht. Von dem Aussichtspunkt über dem Zusammenfluss von Isar und Loisach kann man sich kaum sattsehen an dem immer neuen und immer anderen Schauspiel, das die beiden Bergflüsse bieten.

Am Starnberger See

Von Starnberg aus bleiben wir einfach immer so nah wie möglich am östlichen Seeufer. In **Berg** müssen wir einen Bogen um den privaten Park von Schloss Berg schlagen, dem König-Ludwig-Weg Richtung Votivkapelle folgend. Von der Kapelle steigen wir hinunter zum Ufer, wo ein Denkmal die Stelle markiert, an der Ludwig II. vermutlich im See ertrunken ist. 5,7km

Sehenswürdigkeit: Schloss Berg und Votivkapelle
König Ludwig II. nutzte das Schloss als Sommerresidenz. Obwohl er ja sonst bekanntlich zu viel Pomp und Extravaganz neigte, ist dieses Schloss eher klein und einfach. Es wirkt vielmehr wie eine Villa als wie ein Schloss. Vielleicht war es Ludwig deshalb das liebste. Vom 11. Mai bis Ende Oktober regierte der König von Schloss Berg aus und schmiedete auch von hier aus seine Baupläne für die „Märchenschlösser", die heute Touristenmagnete sind.
Selbst nachdem er entmündigt worden war, kam Ludwig am 12. Juni 1886 nach Berg. Schon am nächsten Tag kehrte er von einem Spaziergang mit seinem Arzt nicht lebend zurück. Nach offizieller Lesart ertrank er unterhalb der ihm zu Ehren 1900 errichteten Votivkapelle im See, wo noch heute ein Kreuz an ihn erinnert.
Nach Ludwigs Tod sollte das Schloss nicht mehr verändert werden, allerdings war nach dem Krieg eine Renovierung notwendig. Es befindet sich immer noch im Besitz der Wittelsbacher.

Auf einem der Wege wandern wir am See weiter, treten durch das Tor schließlich wieder auf eine Straße und erreichen bald die Anlegestelle **Leoni**. 6,7km

'chloss Berg vom See aus gesehen

Die Votivkapelle für König Ludwig II.

Gegenüber führt der „Seilbahnweg" bergauf. An der Kreuzung gehen wir geradeaus weiter, nehmen aber kurz danach die Stufen nach links und folgen dem Pfad bis zu einer kleinen Straße, in die wir nach rechts abbiegen. So wandern wir immer geradeaus auf dem „Kreuzweg" durch den gleichnamigen Ort **Kreuzweg** zur Wallfahrtskirche Mariä Himmelfahrt in **Aufkirchen**. 8,5km

Sehenswürdigkeit: Mariä Himmelfahrt in Aufkirchen
Wallfahrende, die mit dem Schiff kommen, pilgern von Leoni einfach geradeaus bis nach Aufkirchen, begleitet von dem Mitte des 19. Jahrhunderts errichteten Kreuzweg, der einem ganzen Dorf seinen Namen gab. Eine frühe urkundliche Erwähnung bereits gegen Ende des 10. Jahrhunderts belegt, dass hier oben, hoch über dem Ostufer des Sees, vermutlich schon sehr früh eine Kirche gestanden haben muss. Wenn Irmengard am Starnberger See gewesen sein sollte, dann hat sie vielleicht, so wie wir, schon von weitem die Kirche über dem Wasser erkennen können.
Das heutige Gotteshaus wurde um das Jahr 1500 im Stil der Spätgotik gebaut und beherbergt als Gnadenbild eine thronende Madonna aus dem späten 15. Jahrhundert. Seitdem gehörte die Wallfahrt nach Aufkirchen zu den wichtigsten der ganzen Region.

Auf der „Marienstraße" an der Wallfahrtskirche, wo es Einkaufsmöglichkeiten gibt, wenden wir uns nach links und gehen auf der Straße, bis wir kurz vor dem Ortsausgang an der Gabelung rechts durch die „Lin-

Mariä Himmelfahrt in Aufkirchen

denallee" aus dem Dorf herauswandern. Wir folgen dem wunderschönen Weg, der uns noch manche Ausblicke auf den See erlaubt, bis zur Wegkapelle St. Anna. Dort nehmen wir den Weg, der rechts leicht bergab führt. Am Fuße des Hügels schwenken wir in den Querweg nach rechts und bei
10,8km nächster Gelegenheit nach links ein. So erreichen wir **Farchach**.

In Farchach gehen wir an der Kirche und dem Feuerwehrhaus vorbei, bis wir in „Am Schlemmerhof" links und sofort wieder rechts abbiegen. An der Gabelung wählen wir den linken Weg, wandern über den Feldweg bis zum Waldrand, vor dem wir uns nach rechts wenden. Bei klarer Sicht hat man von hier einen fantastischen Blick auf die Berge.

Der Pfad bringt uns am Waldrand entlang zu einem Querweg, in den wir links einbiegen, nur um gleich rechts wieder zwischen Wald und Feld bergauf zu wandern. An der nächsten Kreuzung nehmen wir den Weg nach
13,3km rechts auf den Ort **Mörlbach** zu.

Dort gehen wir auf der „Forststraße" in Richtung Kirche und biegen an der Bushaltestelle links ab. Die Straße verlassen wir auf dem „Irschenhauser Weg", der uns unter der Autobahn hindurchführt. An einem Moor entlang erreichen wir nach einer Rechtskurve im Frauental zwei Weggabelungen hintereinander: An der ersten halten wir uns rechts und an der zweiten links.

Eine Lindenallee führt ...

... zur St.-Anna-Kapelle

Von dem breiten, geschotterten Forstweg zweigen wir erst dort ab, wo an einem Holzmarterl (Wegkreuz) auf der rechten Seite ein weiterer geschotterter Weg quert.

Hier gehen wir nach links in den „Neufahrner Weg" und erreichen die ersten Häuser von **Irschenhausen**. Nach rechts folgen wir der Straße „Krautgärten", kreuzen am Weiher die Durchgangsstraße und verlassen Irschenhausen über die „Ulrichstraße". Bei gutem Aussichtswetter lohnt sich der kleine Abstecher über die Treppe zum Ulrichshügel. 16,7km

Gegenüber der Bushaltestelle am Gymnasium in **Icking** nehmen wir den „Egartsteig" bis hinunter zur Bahnlinie. Diese unterqueren wir am Bahnhof. Hier befindet sich ein großer Supermarkt. Wir gehen nach rechts und nehmen am Ende des Bahnsteigs die Straße links abwärts. Die Durchgangsstraße bringt uns nach links bis zur ersten Abzweigung nach rechts.

Wir folgen der kleinen Straße an der Kirche vorbei bergab. Dort, wo der nun geschotterte Weg wieder ansteigt, zweigt nach links der beschilderte Rad- und Wanderweg zur Isar hinunter ab. 18,5km

Das Werk eines Bibers?

Über die Felder nach Farchach

Naturschönheit: Isar

Aus dem Karwendel hat sich die Isar den Weg gebahnt durch Mittenwald und den Isarwinkel, Bad Tölz und Geretsried. Wir erreichen unterhalb von Icking ihr Bett und folgen ihr flussaufwärts zunächst bis zur Loisach-Mündung. Mit der ersten urkundlichen Erwähnung wurde der Fluss Isara genannt. Wahrscheinlich kommt das Wort aus dem Keltisch-Römischen und bedeutet die Schnellfließende oder Ähnliches: Dass es ein fließendes Gewässer bezeichnet, dafür spricht das Vorliegen vergleichbarer Flussnamen in zahlreichen Sprachen, von der Isère in Frankreich, der Ijssel in Holland bis zur Izera in Polen. Die Isar ist in dem Abschnitt, auf der wir ihr nun auf zwei Etappen begegnen dürfen, ein unverbauter und faszinierender Bergfluss, schön und wild.

Wir bleiben an diesem Ufer und wandern flussaufwärts Richtung **Wolfratshausen**. Nach dem steilen Anstieg am Zusammenfluss von Isar und Loisach wenden wir uns am Querweg unterhalb der Bahnlinie nach links. Am Ortsrand überqueren wir am Gasthaus „Zum grünen Baum" die Loisach und gehen am gegenüberliegenden Ufer weiter bis nach Wolfratshausen.

Sehenswürdigkeit: Wolfratshausen

Auf eine 1.000-jährige Geschichte kann das an der Loisach gelegene Städtchen Wolfratshausen zurückblicken. Wahrzeichen ist die Stadtpfarrkirche St. Andreas. Die dreischiffige Hallenkirche wurde 1484 gebaut. Das nach einem Feuer 1626 wiedererrichtete Gotteshaus beherbergt einen sehenswerten Hochaltar aus dem 17. Jahrhundert.

Variante nach Gelting

Wer im südlich von Wolfratshausen gelegenen Gelting übernachten möchte, geht von der Loisachbrücke an der „Johannisgasse" – das ist die südlichste der drei Brücken im Ort – rechts des Flusses stromaufwärts. Es gilt, die Bundesstraße zu unterqueren und danach bei nächster Gelegenheit das Ufer zu wechseln. Geradeaus geht es auch noch über den Loisach-Isar-Kanal bis nach Gelting. Die Etappe verlängert sich so um 3 Kilometer, also um ca. eine Dreiviertelstunde.

Einkehr:

Diverse Möglichkeiten am Seeufer

Landgasthof Die Post, Marienplatz 2, 82335 Berg am Starnberger See,
Tel. 08151 446120, www.post-aufkirchen.de
Müllers auf der Lüften, Jägerberg 20, 82335 Berg-Farchach,
Tel. 08151 4443666, www.muellers-aufderlueften.de
Landgasthof Rittergütl, Ebenhauser Straße 26, 82057 Irschenhausen,
Tel. 08178 3803, www.ritterguetl.de
Landhotel Klostermaier, Mittenwalder Straße 9, 82057 Icking,
Tel. 08178 867870, www.klostermaier.bayern

Diverse Möglichkeiten in Wolfratshausen

Blick über die Isarauen nach Süden

Einkaufen:

Diverse Lebensmittelgeschäfte in Aufkirchen und in Icking

Übernachten in Wolfratshausen:

Gasthof-Hotel Humplbräu, Obermarkt 2, 82515 Wolfratshausen, Tel. 08171 483290, www.humplbraeu.de

Hotel Isartaler Hof, Sauerlacher Str. 47d, 82515 Wolfratshausen, Tel. 08171 2388122, www.hotel-isartaler-hof.de

Landhaus Café & Hotel, Sauerlacher Straße 10, 82515 Wolfratshausen, Tel. 08171 216570, www.landhauscafe.com

Weitere Zimmer nachfragen bei der Stadt Wolfratshausen, Tel. 08171 214413, www.tourismus.wolfratshausen.de

Loisachbrücke in der Flößerstadt

Die Andreaskirche ist ein Wahrzeichen von Wolfratshausen

Übernachten in Geretsried-Gelting:

Hotel Neu Wirt, Wolfratshauser Straße 24, 82538 Geretsried/Gelting, Tel. 08171 42520, www.neuwirt-gelting.de

Hotel Alter Wirth, Buchberger Straße 2, 82538 Geretsried/Gelting, Tel. 08171 386590, www.alter-wirth.de

Weitere Hinweise auf Übernachtungsmöglichkeiten: Tel. 08171 6298160, www.geretsried.de/gelting

Durch die Isarauen

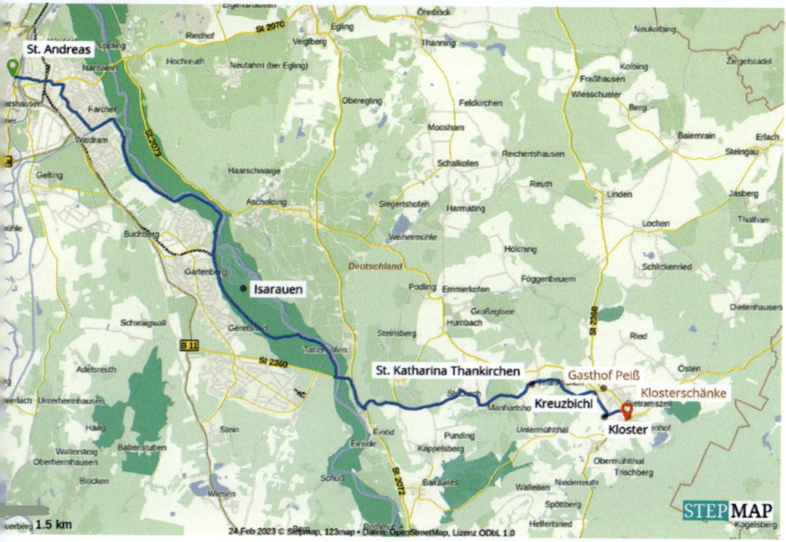

13. ETAPPE

WOLFRATSHAUSEN – DIETRAMSZELL **20,5 km /+206 m / -90 m / 5:30 h**

Start 14,5 34 59 81,5 106 123 143,5 168 194 213 229 253 273,5

DIE KRAFT DES WASSERS

Was für ein Geschenk, durch eine solche Landschaft wandern zu dürfen! Der wilde Bergfluss Isar in seinem sich ständig verändernden Bett spendet so viel Energie, dass man ewig so gehen könnte. Selbst in den Monaten, in denen man dem Fluss aus Naturschutzgründen nicht so nah kommen darf, um die Vogelbrut zu schonen, ist die Kraft trotzdem zu spüren. Sie trägt uns auch noch über die sanften Hügel bis nach Dietramszell: Man fühlt sich energetisiert, hellwach und voller Elan!

Der wilden Isar ganz nah

Wir starten diese Etappe vor der Stadtpfarrkirche in Wolfratshausen, wenden uns auf der gegenüberliegenden Straßenseite nach links und gehen durch die „Rathauspassage" zur Holzbrücke über den Fluss. An der Loisachhalle laufen wir links vorbei und geradeaus bis zur Querstraße. Die breite Straße rechts von uns, die „Sauerlacher Straße", leitet uns stadtauswärts über die Eisenbahnlinie. In die „Gebhardtstraße" biegen wir rechts ab, genauso wie in die „Alpenstraße". Hinter dem Fußgängerüberweg gehen wir geradeaus in den kleinen Park.

Wir bleiben nun am Zaun des Sportplatzes bis zur Straße, an der wir kurz links und sofort rechts abbiegen, um dann vor dem Loisach-Isar-Kanal nach
2,6km links weiterzuwandern.

Variante von Gelting aus

Von der Dorfmitte in Gelting aus heißt es zunächst, auf der „Wolfratshauser Straße" nordwärts zu starten und vor dem Loisach-Isar-Kanal rechts in den „Unterfeldweg" abzubiegen. Für zwei Kilometer, also etwa eine halbe Stunde, folgt man nun geradeaus dem Kanal, unterquert die breite Straße und die Eisenbahnlinie und wendet sich erst dort nach rechts, wo der abzweigende Weg in ein Wald- und Parkgelände führt und mit „München-Venedig" gekennzeichnet ist. Insgesamt ist diese Variante knapp genauso lang wie die von Wolfratshausen, nämlich 2,5 Kilometer.

ie Passage durch die Auen ist mystisch

Lichtstimmung

Wir überqueren die Brücke und gehen geradeaus bis zur nächsten Kreuzung am Picknickplatz, wo wir uns auf dem München-Venedig-Weg nach links Richtung Geretsried wenden.

Achtung: Der im Folgenden beschriebene Wegabschnitt durch die Isarauen gilt nur für die Zeit vor dem 15. März und nach dem 10. August. Dazwischen herrscht im Naturschutzgebiet Betretungsverbot. In dieser Zeit folgen wir hier weiter dem beschilderten Wanderweg von München nach Venedig.

In der Zeit, in der das Betreten des Naturschutzgebietes erlaubt ist, nehmen wir die Stufen hinunter in die Isarauen, überqueren den Bach auf der behelfsmäßigen Brücke und wandern an der Pfadkreuzung geradeaus. An der Gabelung wenden wir uns nach rechts und am Querweg links. Nun wählen wir immer den Pfad, der am nächsten am Fluss entlangführt, bis wir wieder Stufen erreichen, die uns zurück auf die Böschung führen, auf der wir nach links gehen und weiter auf dem breiten, geschotterten Weg.

Naturerlebnis: Isarauen
Die alpine Wildflusslandschaft der Isar ist in Deutschland einzigartig: Ständig verändert sich ihr Bett, mit spürbarer Kraft verändert der Fluss ständig seine Uferbereiche. In den Kies- und Sandbänken finden sehr spezialisierte und sehr seltene Arten ihren Lebensraum. Die Geschichte des Flusses ist verhältnismäßig jung, nämlich erst 12.000 Jahre alt.

Aussicht nach Süden

Auch wenn die Dynamik immer noch kraftvoll ist: Die Isar hat viel davon verloren, als sie in ihrem Oberlauf zur Energiegewinnung umgeleitet, befestigt und reguliert wurde. Obwohl man heute versucht, dem wieder entgegenzusteuern, vertieft sich der Fluss an manchen Abschnitten. Mit der Folge, dass die Auen seltener überflutet werden und sich weniger Kiesbänke bilden. So ist es auch aus diesem Grund wichtig, sich streng an die Regeln zu halten, damit im Frühjahr die Blumen und die Gelege der Tiere zwischen dem Kies geschützt bleiben.

Am Tennisplatz eröffnet sich noch einmal ein faszinierender Blick auf die Isar. Dahinter folgen wir der Straße nach links, bis wir gegenüber dem Haus „Isardamm 17" den Wanderweg des Isartal-Vereins nach links tal-
8,4km wärts nehmen.

Der Weg ist gut markiert und führt im Grunde auf einer auch intuitiv leicht zu findenden Route. Wo der breite Weg allerdings nach rechts eine Kurve beschreibt, fast um 90 Grad, führt unser ausgeschilderter Pfad zunächst fünf Meter leicht links und dann rechts. Bald nach der offeneren Fläche zeigt die Markierung dort, wo wir wieder von Bäumen umgeben sind, nach einer kurvenreicheren Passage von dem schließlich sehr geraden Weg nach links.

! Achtung: die Abzweigung ist leicht zu übersehen, aber markiert.

Bayerische Bauernhof-Idylle

Thankirchen erwartet uns

Schließlich erreichen wir wieder das Flussufer und folgen dem mit grünen Punkten gekennzeichneten, geschlängelten Pfad.

So gelangen wir an eine Straßenbrücke, über die wir die Isar überqueren, um dahinter nach rechts Richtung Peretshofen abzubiegen. Ab hier gehen wir bis Dietramszell wieder auf dem Jakobsweg in Gegenrichtung. 12km

Die nächste Abzweigung führt uns nach links bergauf, leider am Rand der Straße. Oben folgen wir dem Jakobsweg Richtung Stockach und Manhartshofen – das heißt, dass wir an der Dreieckskreuzung in die kleine Landstraße nach rechts und direkt wieder links abbiegen. 13,9m

Hinter **Stockach** nehmen wir die erste Abzweigung nach rechts Richtung **Manhartshofen**. In dem Ort stehen prächtige alte Bauernhäuser, zum Teil aus dem 17. Jahrhundert. An der Querstraße im Dorf wenden wir uns nach links Richtung **Thankirchen**.

In Thankirchen lohnt sich der Gang über den Kirchhof: Sowohl die Katharinakirche als auch der Ausblick von dort sind sehenswert. 17,5km

Sehenswürdigkeit: Thankirchen
Bonifatius, der schon im 9. Jahrhundert in Bayern den christlichen Glauben gelehrt hat, soll in Thankirchen einen Bischofssitz gegründet haben. Hier mitten im Nirgendwo ereilte ihn vielleicht die Kunde von einer Äbtissin, die auf dem

Thankirchener Panorama

Weg zu ihrer neuen Wirkungsstätte in dem kleinen Ort Herberge gefunden haben könnte. So alt und bestimmt noch viel älter ist die Besiedlung auf dem höchsten Punkt der Moräne, die im Volksmund „auf der Leitn" genannt wird. Angeblich stammt der Name nämlich aus dem Keltischen, und das würde bedeuten, dass hier schon lange vor der Gründung durch den Missionar im Jahr 854 Menschen lebten. Von der Kirche, deren Grundstein 1728 gelegt wurde und die innen im Rokoko-Stil gestaltet ist, hat man eine fantastische Sicht auf die Berge und in das malerische Zellbachtal.

Hinter der Kirche halten wir uns an der Gabelung rechts, gehen hinter dem Hof geradeaus und an der Y-Kreuzung am Waldrand wieder rechts.

Am Ende des Waldes folgen wir dem Feldweg geradeaus und wandern am Querweg links. In **Dietramszell** erreicht der Schotterweg eine Straßenkreuzung. Dort laufen wir auf „Am Kreuzfeld" geradeaus und an einem Bauernhaus vorbei bis zur Gabelung, an der wir links und bald über einen Feldweg auf die Kirche auf dem Kreuzbichl zugehen.

Sehenswürdigkeit: Kreuzbichlkirche
Das kleine, vom Friedhof umgebene spätgotische Kirchlein liegt auf einem kleinen Hügel. Daran ließ 1641 der damalige Probst eine Kapelle anbauen, um dort das Gnadenbild der Madonna von Einsiedeln zu ehren. Eine rege Wallfahrt entwickelte sich, wobei die Pilger ihre Finger in die fünf Löcher des sogenannten „Fingersteins" steckten, der sich immer noch neben dem Portal befindet. Sie er-

Außergewöhnlicher Ort: Katharina-Kirche in Thankirchen

baten sich Heilung von Gicht und Krampf. Am Rande des Friedhofs steht außerdem noch ein alter Totenkerker, ein Beinhaus des Augustinerstiftes. Er dient seit 1826 als Familienbegräbnisstätte - an einem schöneren Ort als auf dem Kreuzbichl kann man seiner Verstorbenen kaum gedenken.

Wir verlassen den Kreuzbichl auf dem geschotterten Weg, gehen noch vor dem ersten Haus über die Wiese nach rechts auf den Turm der Klosterkirche in Dietramszell zu sowie um das Haus herum und dann an einem Holzgeländer entlang bergab zum Kloster Dietramszell.

Sehenswürdigkeit: Stiftskirche und ehemaliges Kloster Dietramszell
Schon im Jahre 1098 gründeten drei Männer am Zeller Bach ein Kloster. Einer davon, der Probst, hörte auf den Namen Dietram. Ein Augustiner-Chorherrenstift entstand, das aber eher klein und ärmlich blieb und erst im 18. Jahrhundert dadurch Berühmtheit erlangte, dass es ihm gelang, eine Kirche zu bauen, die rundherum ihresgleichen suchte. Namhafte Künstler trugen ihren Teil zu einer der bedeutendsten Barockkirchen bei. Da das Kloster aber wieder verarmte und mit der Säkularisation aufgehoben wurde, drohte der Abriss der Kirche, obwohl seit 1830 Salesianerinnen das Kloster gekauft hatten.
Zum Glück wurde aber entschieden, die Kirche zur Pfarrkirche zu machen und sie so zu erhalten. Die Fresken des Münchner Hofstuckateurs und Malers Johann Baptist Zimmermann sind absolut sehenswert.

Der Kreuzbichl am Abend

Einkehr:

Klosterschänke, Klosterplatz 2, 83623 Dietramszell, Tel. 08027 904500, www.klosterschaenke-dietramszell.de
Gasthaus Peiß, Münchner Straße 24, 83623 Dietramszell-Schönegg Tel. 08027 229, www.gasthof-peiss.de

Übernachten in Dietramszell:

Klosterschänke, Klosterplatz 2, 83623 Dietramszell, Tel. 08027 904500, www.klosterschaenke-dietramszell.de

Übernachten in der Nähe:

Beim Huber in Linden, Dietramszeller Straße 9, 83623 Dietramszell-Linden Tel. 08027 585, www.huber-schmankerl.de
Hörmannhof, Dietramszeller Straße 6, 83623 Dietramszell-Linden, Tel. 08027 9309793, www.hoermannhof.de

Weitere Übernachtungsmöglichkeiten unter: www.dietramszell.de

ort unten im Tal liegt das Etappenziel

Das Kloster in Dietramszell

Einkaufsmöglichkeit:

Lebensmittel Peiß, Münchner Straße 24, 83623 Dietramszell-Schönegg
Tel. 08027 229

Schmid Bäck', Am Richteranger 2, 83623 Dietramszell, direkt gegenüber von dem ehemaligen Kloster. *Sehr eingeschränkte Öffnungszeiten unter: www.schmid-baeck.de*

Manchmal findet man eine Begleitung

14. ETAPPE

DIETRAMSZELL – WEYARN **26,5 km /+350 m / -344 m / 7:15 h**

Start · 14,5 · 34 · 59 · 81,5 · 106 · 123 · 143 · 168 · 194 · 213 · 229 · 253 · 273,5 · 300

ZU BESUCH BEI EINER MYSTIKERIN DER NEUZEIT

Die kleine Wallfahrtskirche Maria Elend gleich am Beginn unserer Wanderung ist ein wahres Kleinod. Die Ruhe dieses Platzes nehmen wir mit in den Zeller Wald. An seiner anderen Seite wartet wieder ein Kloster mit Wallfahrtskirche auf uns: Reutberg, die Wirkungsstätte der Mystikerin Fidelis Weiß. Unter dem Taubenberg verlassen wir bewusst die uns entgegenkommende Route des Jakobsweges, nehmen lieber ein paar Meter und ein paar Höhenmeter mehr in Kauf und werden belohnt von wunderbar einsamen Wegen und spektakulären Aussichten. Am Fuß des Taubenberges begegnen wir erstmals der Mangfall, die uns heute bis Weyarn und in den nächsten Tagen bis zum Inn begleiten wird.

Maria Elend

Im Wald ist man nie allein

Die Etappe beginnt am Kloster Dietramszell. Zwischen dem Kloster und der Klosterschenke gehen wir bis zur nächsten Abzweigung und nehmen den breiten Weg, der am Parkplatz vorbei rechts bergauf führt. Am Marterl (Wegkreuz) wandern wir geradeaus und an der folgenden Gabelung rechts. An der nächsten Gabelung ist die Wallfahrtskirche Maria Elend nach links beschildert.

1,1km

Sehenswürdigkeit: Wallfahrtskirche Maria Elend

Die große Zahl der Votivtafeln in dem kleinen barocken Kirchlein und auch das bedeutsame Deckenfresko von Johann Sebastian Troger aus dem Jahre 1791, das eine lange Reihe von ganz unterschiedlichen Menschen zeigt, die Hilfe suchend zu diesem Ort pilgern, sprechen für sich: Er war einmal das Ziel zahlreicher Gläubiger auf der Suche nach Heilung und Trost. Noch bis ins letzte Jahrhundert hinein kauerten sich Wallfahrerinnen und Wallfahrer in eine Grube hinter der Kirche in der Hoffnung auf Hilfe. Sie ahmten damit die Gründungslegende nach: Diese erzählt davon, wie ein von seinen Verfolgern Bedrängter im Dreißigjährigen Krieg Maria um Rettung anflehte. Ein Loch in der Erde tat sich auf, in dem er sich verbergen konnte. Inzwischen ist die Grube abgedeckt, aber bis heute zeigt in der Kirche auch eine außergewöhnliche Darstellung des leidenden Christus ihn und seine Mutter in einer Art Erdhöhle.

Zwar ist die kleine, Ende des 17. Jahrhunderts erbaute Kirche den „Sieben Schmerzen Mariens" geweiht, der Name Elend stammt aber aus dem Althochdeutschen und bezeichnet eher die Lage des Gotteshauses, abgeschieden am Rand der menschlichen Behausungen.

Kloster Reutberg

Hinter der Kirche geht es geradeaus, und auch an der Abzweigung nach Bad Tölz halten wir diese Richtung bei und wandern den Berg weiter hinauf. Über den Berg folgen wir der Markierung mit „D3". Fast auf der Höhe angekommen, bleiben wir dem Hauptweg in der Links- und kurze Zeit später in der Rechtskurve treu. So steigen wir auf dem deutlich erkennbaren Hauptweg durch den Wald immer leicht bergauf, bis er sich an einem Marterl, an dem wir uns nach rechts wenden, wieder senkt.

Am Funkmast nehmen wir an der Gabelung den rechten Weg und an der Y-Kreuzung den linken. Nach dem Kreuz zur Linken und dem kleinen Bildstock zur Rechten schwenken wir nach rechts und entscheiden uns an der nächsten Kreuzung für den einzigen nicht geschotterten Weg schräg links geradeaus.

Wir erreichen einen Schotterweg, dem wir nach links bergab bis zu einer T-Kreuzung folgen, wo Schilder nach links Richtung Stubenbach weisen. 5,1km

Wir wandern rechts an einer Wiese entlang, und wo diese endet, leitet uns das Schild nach rechts Richtung Kirchsee. An der Gabelung wenden wir uns nach links, nun auf dem „S3".

In die kleine Straße zweigen wir nach links ab, und schon bald tritt der Reutberg in unser Blickfeld. Eine kleine Straße führt uns nach rechts hinauf zum Kloster, oberhalb von **Sachsenkam**.

Blick zur Wallfahrtskirche Allerheiligen

Sehenswürdigkeit: Kloster Reutberg
Das Kloster und seine Klosterkirche sind vor allem wegen seiner ehemaligen Bewohnerin einen Besuch wert. Schwester Maria Fidelis Weiß, geboren am 12. Juni 1882 in Kempten, lebte von 1902 bis zu ihrem Tod am 11. Februar 1923 auf dem Reutberg. Sie war Organistin in der Kirche und unterrichtete die Schülerinnen der kleinen Mädchenschule in Handarbeiten.
Berühmt wurde sie aber aus anderen Gründen – und auch erst nach ihrem Tod. Denn erst dann berichtete ihr geistlicher Begleiter von ihren Visionen und mystischen Erfahrungen. Seitdem ist das Kloster Reutberg zu einem Ort geworden und bis heute geblieben, zu dem viele Menschen kommen, um Schwester Fidelis um Fürbitte anzurufen.

Nach dem Besuch des Klosters gehen wir zurück bis zur Scheune und dort gegenüber in den Feldweg. In die Querstraße nach rechts abgebogen, erreichen wir die Landstraße, die wir überqueren, um schräg rechts durch die „Lindenstraße" bis zur T-Kreuzung zu laufen. Über die „Piesenkamer Straße" gelangen wir wieder auf die Landstraße, die uns nach rechts zum gleichnamigen Dorf führt.
9,5km

In **Piesenkam** gehen wir an der Gabelung links in die „Warngauer Straße", und am Ortsausgang halten wir uns an der Gabelung links auf dem „Professor-Schlösser-Weg". Nachdem der Asphalt- in einen Feldweg übergegangen ist, gabelt sich der Weg und wir nehmen den rechten. Hinter einer großen Wiese auf der linken Seite folgen wir dem Hauptweg durch die Linkskurve

Weg-Kapelle auf dem Taubenberg

Auch das Vieh genießt die Aussicht

wieder in den Wald. Er leitet uns zu einer kleinen Straße, auf der wir rechts bis **Tannried** bleiben. Dort biegen wir an der kleinen Kapelle rechts ab und gelangen zur Landstraße. Diese führt uns nach links über die Bahnlinie.

Dahinter wählen wir die erste Abzweigung rechts nach **Reitham**, überqueren die Bundesstraße geradeaus und zweigen am Dorfweiher nach links und gleich wieder nach rechts ab. Außerhalb des Dorfs wandern wir geradeaus den Berg hinauf Richtung Taubenberg. Bevor wir auf der Höhe in den Wald eintreten, haben wir nach Süden eine fantastische Sicht auf die Berge - die schon zu Zeiten der Seligen Irmengard bewundert werden konnte - und nach Norden bis nach München. Mit dem Zoom-Objektiv oder einem Fernglas ist sogar die Frauenkirche zu erkennen. 16km

Sehenswürdigkeit: Taubenberg

Der Taubenberg gehört größtenteils der Stadt München. Sie erwarb zu Beginn des 20. Jahrhunderts weite Flächen, um den Berg für die Trinkwassergewinnung über die Mangfall zu nutzen. Dieser Entscheidung ist die Tatsache zu verdanken, dass der Berg aufgeforstet wurde und heute mit schönem, inzwischen überwiegend naturnahem Wald bedeckt ist – schließlich nützt er dem Boden und der Wasserqualität mehr als Landwirtschaft. Aber keine Sorge: Von unserer Route über den 896 Meter hohen Berg können wir trotzdem fantastische Aussichten genießen, bevor wir zur Mangfall hinunterwandern. Bis heute bezieht die Stadt München aus diesem Wasserschutzgebiet den größten Teil ihres Trinkwassers.

Vom Taubenberg Richtung Osten

An der Gabelung verlassen wir die Straße Richtung Taubenberg nach links – und übrigens auch den Jakobsweg, dem wir bisher fast den ganzen Tag entgegengegangen sind. Dieser führt auf der engen Straße um den Taubenberg herum – wir jedoch ziehen es vor, ohne Verkehr über den Berg zu wandern, und gehen bis zum Gasthof „Taubenberg" und dort weiter Richtung Gotzing. An der Gabelung gehen wir rechts, ignorieren die Abzweigung aufwärts und biegen von der Forststraße dann in einer Rechtskurve nach links ab auf den zweispurigen Waldweg, der leicht bergab führt. Er bringt uns zu einer kleinen Straße, die uns rechts bis hinunter ins Tal leitet. Noch vor dem Bach biegen wir links ab und danach – hinter einer Brücke – in den Querweg nach rechts.

Am Parkplatz überqueren wir rechts die Brücke und dann links die Bahnlinie und wenden uns dahinter nach links auf den Radweg. Nach dem Kunstwerk
23,5km am Wasserwerk bewegen wir uns direkt an der Bahnlinie entlang.

Achtung: Kurz nachdem der Weg sich wieder von ihr gelöst hat, geht gegenüber einem Fahrradweg-Schild ein schmaler Weg schräg rechts weiter. Nur dieser führt uns noch vor Weyarn über die Mangfall.

Dort, wo die alte Brücke den Fluss quert, laufen wir an der Gabelung bergauf und dann oben im spitzen Winkel links. Durch den Wald wandern wir auf **Weyarn** zu und gehen links am Weiher vorbei geradeaus zum Kloster hinauf.

Achtung: Über die Brücke und hinauf nach Weyarn sind es von hier aus noch 1,4 Kilometer. Die Brücke war bei Drucklegung dieses Buches marode und durfte nicht betreten werden, sollte aber bis 2023 saniert werden. Auf der linken Seite der Mangfall führt ein Weg weiter bis zur Landstraße im Mühltal. Von dort aus geht es über die Straße hinauf nach Weyarn. Diese Strecke ist 2,4 Kilometer länger als über die Brücke. Allerdings befindet sich auch ein Hotel im Mühltal. Es ist von hier aus in 2,5 Kilometern zu erreichen.

Sehenswürdigkeit: Weyarn
Dort, wo einst eine kleine Burg gestanden hatte, errichteten die Augustiner Chorherren im 12. Jahrhundert ein Stift. Im Laufe der Zeit entwickelte sich um dieses Zentrum das Dorf Weyarn. Die Anlage des Klosters mit der Pfarrkirche St. Peter und Paul prägt den Ort bis heute. Sehenswert ist die Rokoko-Ausstattung mit den geschnitzten Figuren von Ignaz Günther und den Fresken von Johann Baptist Zimmermann, dessen Kunst wir auf dieser Pilgerwanderung schon oft begegnet sind.

Wohlverdiente Rast für Tier ...

Einkehr:

Klosterbräustüberl Reutberg, Am Reutberg 2, 83679 Sachsenkam, Tel. 08021 8686, www.klosterbraeustueberl.de
Täglich geöffnet von 10.00 bis 23.00 Uhr. Kein Ruhetag.
Gasthof Taubenberg, Taubenberg 1, 83627 Warngau. Öffnungszeiten erfragen unter: Tel. 0177 4819484 oder per E-Mail: berggasthaus@taubenberg.de
Alter Wirt, Miesbacher Straße 2, 83629 Weyarn, Tel. 08020 904000, www.alterwirt-weyarn.de
Pizzeria da Sacco, Miesbacher Straße 11, 83629 Weyarn, Tel. 08020 9043208, www.pizzeriadasacco.eu

... und Mensch

Übernachten:

Die Bruckmühle, Mühltal 3, 83626 Valley, Tel. 08027 585, www.die-bruckmuehle.de

Alter Wirt, Miesbacher Straße 2, 83629 Weyarn, Tel. 08020 904000, www.alterwirt-weyarn.de

Weitere Möglichkeiten unter:
www.gemeinde-weyarn.de/freizeit/gaststaetten-unterkuenfte/

Immer an der Mangfall entlang

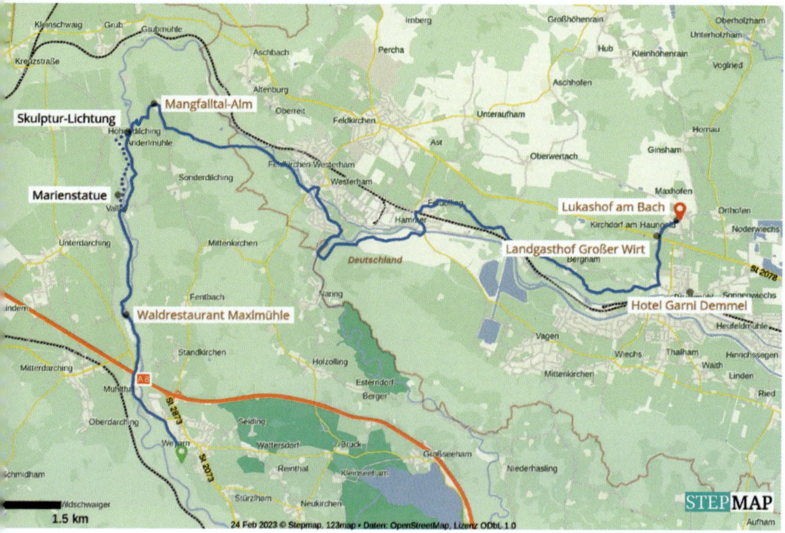

15. ETAPPE

WEYARN – KIRCHDORF AM HAUNPOLD **23 km /+197 m / -374 m / 6:00 h**

Start 14,5 34 59 81,5 106 123 143,5 168 194 213 229 253 273,5 300 323

IM REICH DER KELTEN

Heute überlassen wir uns ganz der Führung durch einen besonderen Fluss: Die Etappe durch das Mangfalltal rund um Valley, wo einst eine keltische Göttin ihren Sitz gehabt haben soll, gehört zu den besonderen Erlebnissen dieser Fernwanderung. Wir kürzen die Flussschleife ab und wandern auf der Höhe über alte Siedlungsplätze. In Feldolling können wir wählen, ob wir im Tal bleiben wollen oder noch einmal über einen Hügel laufen, auf dem die Spuren uralter Siedlungen im dichten Wald noch gut erkennbar sind.

Start am Kloster Weyarn

Eingang zur Skulptur-Lichtung

Die Etappe beginnt in Weyarn auf dem Platz vor der Klosterkirche. Wir wandern durch die Rathauspassage, an der Kirche und den Klostermauern vorbei nach Norden zur Bundesstraße, neben der wir auf dem Fuß- und Radweg bergab zur Mangfall gehen. Schon bald sehen wir die Autobahnbrücke, und erst dahinter zweigen wir Richtung Maxlmühle von der Straße ab. Nach dem Ortsausgangsschild ist es allerdings möglich, auf einer Art Fußweg rechts der Straße und der Leitplanke zu laufen.

An der Gabelung halten wir uns gleich rechts, weiter Richtung Maxlmühle. Hinter der Gaststätte gibt es mehrere Möglichkeiten Richtung Valley weiterzuwandern – wir wählen bei gutem Wetter den Ufer-Steig an der Mangfall. Bei schlechtem Wetter oder nach anhaltendem Regen empfiehlt es sich, den nächsthöher gelegenen Weg zu wählen, also den mittleren.

Den Fluss immer an unserer Seite gehen wir nicht in das Dorf Valley, das auf der Hochebene liegt, sondern bleiben im Tal, wo wir schließlich eine Brücke erreichen. Hier können wir uns entscheiden, ob wir bis zum nächsten Übergang links oder rechts der Mangfall weiterwandern wollen.

5km

Hinweis: Kelten an der Mangfall
Das wildromantische Tal der Mangfall durchschneidet hier unterhalb des Dorfes Valley ehemaliges keltisches Siedlungsgebiet. Im Osten sind auf der Hochebene südlich und nördlich von Kleinhöhenkirchen keltische Ort-

schaften belegt. Im Westen liegt über uns das Dorf Valley, dessen Name – wie Ausgrabungen nahelegen – auf die keltische Göttin Fallada zurückgehen soll.

Variante links:
Links kommen wir näher an die Ortschaft Valley, die einst der Sitz einer keltischen Göttin gewesen sein soll, allerdings laufen wir hier hauptsächlich auf Asphalt. Über dem schmalen, asphaltierten Sträßchen thront links auf einem kleinen Hügel eine Madonna und wacht über das Tal – und fast hat man im Vorbeigehen das Gefühl, man begegnete in ihr der keltischen Göttin. Wir gehen geradeaus weiter, halten uns an der Gabelung links und kommen dahinter an einer Kapelle vorbei. Hinter der kleinen Siedlung zweigt im Wald vor dem Bach der Wanderweg rechts ab, Richtung Hohendilching.

Wieder auf einer kleinen Asphaltstraße steigen wir bergauf, bevor wir die Abzweigung nach rechts hinunter zum Fluss Richtung Kleinhöhenkirchen nehmen.

Variante rechts:
Wir wechseln auf das andere Ufer, wo wir die Straße so bald wie möglich nach links verlassen, auf dem Wanderweg Richtung Kleinhöhenkirchen. Der Forstweg gabelt sich, und wir wählen den linken.

Wo der breite Weg endet, wenden wir uns auf den Pfad nach rechts und verlassen das rechte Ufer der Mangfall bis zur nächsten Brücke nicht. Wer diese

Im Mangfalltal

Kleinhöhenkirchen

Variante wählt, sollte trotzdem für einen Besuch der Skulptur-Lichtung über die nächste Brücke das Ufer wechseln.

Empfehlung: Skulptur-Lichtung
Auf der linken Seite der Brücke wartet die Skulptur-Lichtung: ein gegen eine Spende frei zugängliches Gelände, auf dem namhafte Bildhauerinnen und Bildhauer ihre vor Ort erstellten Kunstwerke präsentieren. Sehenswert!

6,5km An dieser Brücke vereinen sich also die beiden Varianten wieder und es geht auf der rechten Flussseite weiter. Nachdem wir rechts der Mangfall erneut in den Wald eingetreten sind, verabschieden wir uns vorerst vom Fluss und laufen an der Gabelung rechts bergauf und stehen bald vor der nächsten Kreuzung. Von den beiden sich gabelnden Wegen bergauf wählen wir nun den rechten, gehen über die Kreuzung und nehmen an der nächsten Gabelung den moderateren, den linken Weg, der trotzdem sehr steil bis auf eine Wiese führt. Dort halten wir uns links und bleiben auch links des eingezäunten Geländes.

7,6km Hinter der Kirche in **Kleinhöhenkirchen** gehen wir rechts Richtung Sonderdilching und zweigen bei erster Gelegenheit nach links Richtung Westerham auf den Feldweg ab. Im Wald angekommen, halten wir uns an der Gabelung rechts. Der „Pfaffensteig" führt wieder hinunter an die Mangfall, ein hölzernes Geländer sichert den steilen und häufig etwas rutschigen Abstieg. Unten wenden wir uns nach rechts und folgen dem breiten Weg abwärts, der uns auf eine weite Wiese führt.

Auf der Höhe am Mangfallknie

Auf dem „Pfaffensteig"

Hinweis: Die Mangfall
Die Mangfall ist in vieler Hinsicht ein besonderer Fluss – zum Beispiel auch deshalb, weil sie keine eigene Quelle hat. Über sie fließt das Wasser aus dem Tegernsee ab und erreicht nach 58 Kilometern bei Rosenheim den Inn. Am Mangfallknie unterhalb von Kleinhöhenkirchen verändert sie ihren Lauf um 135 Grad nach Südosten, wobei sie die Seitenmoräne des Inntalgletschers durchschneidet. Wir überqueren diese Moräne und können den Weg so erheblich abkürzen.

In **Westerham** überqueren wir die Mangfall erneut. Wir biegen in die „Schmiedgasse" rechts ab – 150 Meter weiter auf der „Miesbacher Straße" befinden sich hier Einkaufsmöglichkeiten – und lassen uns von „Am Mühlbach" wieder zum Fluss zurückführen. Hier ist der Weg sehr schmal und zugewachsen, sodass es sich empfiehlt, lange Hosen zu tragen. Immer direkt an der Mangfall entlang verläuft der schmale Pfad bis zur Brücke. Diese passieren wir und halten uns dahinter links an einem Holzzaun vorbei. Wir machen hier nun Bekanntschaft mit einem weiteren Gebirgsfluss, der Leitzach, die wir bei nächster Gelegenheit überqueren. 11,2km

Hier kommt der Gedanke, wie Irmengard die Bäche und Flüsse überquert haben mag. Brücken gab es zu ihrer Zeit sicherlich nicht so viele wie heute.

Dahinter nehmen wir nicht sofort den ersten Feldweg nach links, sondern den zweiten Richtung Bruckmühl. Rechts der Mangfall gehen wir auf die

Nach dem Abstieg wieder im Mangfalltal

Im Abendlicht: die Berghamer Kapel

Landstraße zu. Auf der anderen Seite der Brücke folgen wir zunächst der Straße in den Ort **Feldolling**. Der Weg nach Bruckmühl über Bergham ist bereits ausgeschildert.

Variante im Tal:
Es gibt hier eine weitere beschilderte Möglichkeit, nach Bruckmühl zu wandern: direkt an der Mangfall entlang über den Fahrradweg. Kurz vor Bruckmühl empfiehlt es sich, auf die rechte Flussseite zu wechseln und erst im Ort wieder auf die linke Seite zurückzukehren. In Bruckmühl gehen wir um das Saluswerk herum und dann in die „Blumenstraße".

Hinter der Bahnlinie wenden wir uns nach rechts, halten uns dann links und gehen nach rechts in die „Kirchstraße", die uns bis zur „Samerstraße" führt, auf der wir den Ort verlassen und geradeaus auf den Wald zu wandern. Um ein Haus geht es rechts herum und dann nach links auf den Feldweg. Wir bleiben links des kleinen Baches und bewegen uns unterhalb des Hangs parallel zur Bahn.

19km

Nach einem etwas schwierigeren Stück über ein paar Holzbohlen steigt der Weg nach links an. Der steile Pfad ist nicht ganz einfach zu finden. Zur Orientierung: Er führt rechts eines kleinen Taleinschnittes steil bergauf. Oben gehen wir rechts auf den Feldweg, und in **Bergham** halten wir uns rechts und folgen den grünen Schildern rechts Richtung Kapelle.

Dahinter wandern wir zunächst am Waldrand und wählen im Wald an der dreiarmigen Kreuzung den linken Pfad. Wir bleiben also oberhalb des steilen Hanges.

Die Gräben und Wälle lassen die alten Schanzen und die Wallburg der Siedlungen aus längst vergangenen Zeiten im dichten Gehölz noch gut erkennen. Wenn wir nach der Durchquerung mehrerer Gräben rechts eine große Senke erkennen, heißt es aufpassen: Wo am hinteren Ende dieser breiten Senke ein Pfad zu ihr hinunter führt, neigt sich diesem gegenüber unsere Route am Rand der Tannenschonung ganz leicht nach links. Wer an einen Zaun kommt, ist zu weit gegangen!

Weiter geht es durch eine Art Hohlweg bis zur Straße, die uns nach rechts bis zur „Blumenstraße" in **Bruckmühl** lenkt. Nach links abgebogen, kommen wir zur Bundesstraße. Diese überqueren wir am Gasthaus und gehen rechts daran vorbei auf die kleine Kapelle zu.

Ein Fußweg führt uns weiter zu einer Straße, die uns bis zur Kirche von **Kirchdorf am Haunpold** bringt, das zu Bruckmühl gehört.

Der Tag neigt sich

Am Ziel in Kirchdorf

Einkehr:

Waldrestaurant Maxlmühle, Tel. 08020 1772, www.maxlmuehle.de
Öffnungszeiten: freitags bis montags ab 11.30 Uhr
Mangfalltal-Alm, Kleinhöhenkirchen, Tel. 08063 2070400
Öffnungszeiten: donnerstags bis sonntags
Gasthof Großer Wirt, Am Griesberg 2, 83052 Bruckmühl / Kirchdorf, Tel. 08062 1249, www.gasthof-grosser-wirt.de

Diverse Möglichkeiten in Bruckmühl

Übernachten:

Hotel Garni Demmel, Rathausplatz 2, 83052 Bruckmühl, Tel. 08062 3111, www.hotelgarnidemmel.de
Gasthof Großer Wirt, Am Griesberg 2, 83052 Bruckmühl / Kirchdorf, Tel. 08062 1249, www.gasthof-grosser-wirt.de
Lukashof am Bach, Haunpoldstraße 23, 83052 Bruckmühl / Kirchdorf, Tel. 08062 9081953, www.lukashof-am-bach.de

Weitere Informationen und Zimmervermittlung unter:
www.bruckmuehl.de/bruckmuehl-erleben/fremdenverkehr/uebernachten/

Zwischen Feldolling und Bruckmühl

Die Türme von Weihenlinden

16. ETAPPE

KIRCHDORF – ROSENHEIM-HEILIG BLUT **23 km /+12 m / -58 m / 5:45 h**

Start 14,5 34 59 81,5 106 123 143,5 168 194 213 229 253 273,5 300 323 346

HEILIGES WASSER

Auch auf dieser Etappe bleiben wir in der Nähe der Mangfall – die Landschaft ist allerdings eine völlig andere: flach und aussichtsreich. Bei gutem Wetter haben wir immer die „Schlafende Jungfrau" im Blick: So wird die Bergsilhouette am Wendelstein genannt, und tatsächlich braucht man nicht viel Fantasie, um sie zu erkennen. In Weihenlinden lockt die Kirche mit ihrer Brunnenkapelle und dem seit Menschengedenken als heilig verehrten Wasser. Der Hofberg in Bad Aibling, auf dem heute die Stadtkirche steht, war schon zu keltischen Zeiten besiedelt, und die Moorlandschaft um Kolbermoor ist von ruhiger Schönheit. Ziel ist eine weitere Wallfahrtskirche: Heilig Blut südlich von Rosenheim.

An die Seite der Wallfahrtskirche schmiegt sich die Quellen-Kapelle

Diese Etappe startet an der Sankt-Vigilius-Kirche in Kirchdorf. Wir verlassen das Dorf Richtung Ginsham und gehen – die Vorfahrtstraße verlassend – geradeaus, dann aber nicht auf das Dorf Orthofen zu, sondern an der Gabelung links. Die Landstraße kreuzen wir geradeaus und folgen einem Feldweg bis zu einem kleinen Modellflugplatz. Auf dem Querweg überqueren wir links die Brücke, hinter der wir nach rechts entlang des Baches weiterwandern. Die nächste Brücke führt uns nach rechts auf die Straße nach **Högling**.

6,5km Dort wenden wir uns nach links und halten uns im Dorf auf der „Lindenstraße", die uns zur Wallfahrtskirche in **Weihenlinden** begleitet.

Sehenswürdigkeit: Weihenlinden
Vermutlich befand sich an der Stelle, an der heute die Kirche „Zur Allerheiligsten Dreifaltigkeit und Unser Lieben Frauen Hilf" steht, schon ein keltisches Heiligtum. Dafür sprechen jüngste Ausgrabungen. Der Ort galt immer als ein besonderer, eine steinerne Martersäule und zwei Linden waren hier einst eingehegt. Erst als im benachbarten Högling die Marienfigur herunterfiel, ohne dabei irgendeinen Schaden zu nehmen, brachte man die Figur zu dem Marterl (Wegkreuz). Sofort pilgerten viele Menschen zu der Madonna.
Mitte des 17. Jahrhunderts begannen die Höglinger mit der Errichtung einer Kapelle, das Wasser nahmen sie aus der Quelle, deren Heilkraft sich schnell herumsprach. Die Wallfahrt wuchs stetig, und die kleine Kapelle wurde bald zu klein, sodass mit einem neuen Bau begonnen wurde. Schon 1657 wurde die

In der Nähe von Weihenlinden

Einzigartige Perspektive

dreischiffige Basilika eingeweiht, die die Marienkapelle in sich aufnahm. Dem Wunderbrunnen wurde eine eigene kleine Kapelle an der Nordseite errichtet.
Die alte Gnadenkapelle mit der Marienfigur ist im Stile des Rokoko gestaltet und in ihrer achteckigen Form erhalten geblieben. Man tritt über eine Stufe von der Basilika in sie ein, wie in eine Kirche in der Kirche. Im Barockaltar steht das Gnadenbild von Weihenlinden. Die Madonna ist in kostbare Gewänder gekleidet, die je nach der Zeit im Kirchenjahr wechseln.
Die Brunnenkapelle wird heute nur noch für Taufen geöffnet. Das heiltätige Wasser kann man aber im nördlichen Eingangsbereich der Kirche schöpfen. Es soll bei allerlei Leiden helfen, etwa Blinden und Lahmen, bei Krampfanfällen und Wassersucht. Und das Quellwasser labt bei der Rast und stärkt für die letzte Wegstrecke. Da die Landschaft hier an der Mangfall so flach ist und das Reisen bequem macht: Wer behauptet, dass sich nicht auch Irmengard davon hat erfrischen lassen?

Links der Kirche befindet sich die Brunnenkapelle, und an dieser vorbei folgen wir der „Lindenstraße" weiter, bis sie in einen Feldweg übergeht. Dieser führt uns an eine kleine Kreuzung, an der wir geradeaus wandern, bis wir einem Bauernhaus gegenüber an den Wassergraben kommen, der uns nach rechts bis zur Straße leitet.

Auf dieser gehen wir kurz nach rechts und dann an der kleinen Marienkapelle vorbei auf den Feldweg links. Bald biegen wir erneut links auf einen Schotterweg ab. Wo links die Brücke über den Mosbach führt, laufen wir

Marienkapelle am Weg

Eine Goldammer

zunächst rechts und dann gleich links auf der „Dietrich-Bonhoeffer-Straße". So erreichen wir hinter Spielplatz und Gaststätte den Ausgang des Diakonie-Geländes. Dort überqueren wir den Kreisverkehr und wenden uns dahinter links in die „Dorfstraße". Von ihr lassen wir uns durch **Mietraching** führen, bis nach links der „Niederfeldweg" abzweigt. Er bringt uns bis zur Straße, an der der Wanderweg nach **Bad Aibling** nach links beschildert ist. Diesem folgend, biegen wir sofort hinter der Brücke rechts ab. Am „Glonnanger" verlassen wir die Wegweiser und gehen links des Baches geradeaus und dann rechts in die „Sperlallee".

10,5km Die „Lena-Christ-Straße" leitet uns links zu einem Fußweg über eine Brücke und dahinter geradeaus die Treppe hinauf auf den Bad Aiblinger Hofberg.

Sehenswürdigkeit: Bad Aibling Hofberg
Schon von Weitem sieht man den Turm der Stadtpfarrkirche Mariä Himmelfahrt von Bad Aibling vor der Silhouette der Berge. Sie thront zusammen mit dem Churfürstlichen Schloss auf dem Hofberg über der Stadt. Als Hofkirche wurde sie erstmals 912 erwähnt. Die spätere gotische Kirche entstand 1431, sie wurde 1755 erneut umgebaut in die heutige Form und den Stil des Rokoko.

Wir halten uns leicht links und erreichen die Stadtkirche. Hinter der Apsis überqueren wir die Fußgängerbrücke und gehen rechts in „Am Klafferer". Unser Weg führt auf der Höhe am Zentrum vorbei und am Festplatz ganz rechts weiter, bis wir die Straße kreuzen und in die „Schwarzfischerallee" weiterwandern.

Hinter Bad Aibling türmen sich die Berge

Am Ende der „Birkenallee" wenden wir uns an der Kreuzung nach rechts Richtung Harthauser Filze. Die nächsten beiden Querstraßen überqueren wir und laufen Richtung Schwimmbad. Davor nehmen wir den Pfad nach links, gehen nach links auf das Sträßchen und halten uns dann rechts, bis wir auf einen Feldweg stoßen. Von diesem lassen wir uns bis zum Wald leiten und nehmen im Wald nach der kleinen Brücke an der Kreuzung den Weg nach links. Am Waldrand erreichen wir eine Straße, in die wir links und dann gleich rechts abbiegen.

Noch bevor das Asphaltsträßchen eine Linkskurve beschreibt, zweigen wir Richtung Kolbermoor nach rechts auf den Waldweg ab. Wir bleiben auf dem Hauptweg, Kolbermoor ist hier beschildert. Weiter geht es durch die „Hermann-Löns-Straße" und an deren Ende leicht rechts geradeaus durch ein Tor auf einen Schotterweg. Wir nehmen die beschilderte Abzweigung nach rechts, die uns zu einem Wohngebiet leitet. Auf der „Grillparzerstraße" nähern wir uns dem Zentrum von **Kolbermoor**.

Wir unterqueren die Eisenbahnlinie, biegen am Kreisverkehr links ab und 17km zweigen in die erste Straße nach rechts. Die „Försterstraße" führt uns bis zum Mangfallkanal. Davor gehen wir links, an der nächsten Brücke überqueren wir den Kanal sowie dahinter die Mangfall und wenden uns am Ufer nach links.

Den ganzen Tag begleitet uns die Silhouette der Schlafenden Jungfrau

Wir bleiben nun für eine ganze Weile rechts des Flusses, passieren eine Straßenbrücke, ignorieren die Holzbrücke und wandern auch hinter der nächsten Brücke („Hochfellnstraße") rechts der Mangfall, umrunden auf dem breiten Weg die Wohnhäuser und nehmen an der Kreuzung den Weg nach rechts.

Die „Miesbacher Straße" überqueren wir leicht links Richtung Aising-Pang und gehen links in die „Zellerhornstraße". Hinter dem Gasthof San Gabriele zweigt am Parkplatz etwas versteckt ein Fußweg ab, der uns über kleine Sträßchen hinweg mehr oder weniger geradeaus zur Heilig-Blut-Kirche in **Rosenheim** führt.

Sehenswürdigkeit: Wallfahrtskirche Heilig Blut
So viele Wallfahrer kamen in der ersten Hälfte des 17. Jahrhunderts nach Heilig Blut, dass die kleine gotische Kirche erweitert werden musste. Im Jahr 1686 wurde sie im Barockstil vergrößert. Das Gnadenbild der Heilig Blut-Kirche ist ein Flügelaltar des Meisters von Rabenden, ein sogenannter Gnadenstuhl, eine Darstellung der Heiligen Dreifaltigkeit.
Die Stuckdekoration ist noch fast vollständig erhalten, geschaffen hat sie der Graubündner Künstler Giulio Zuccali, der in Süddeutschland sonst nur in Herrenchiemsee und Sachrang tätig war.
Neben der Kirche findet sich auch hier eine achteckige Brunnenkapelle. Bis in die 50er-Jahre des vergangenen Jahrhunderts lief das Brunnenwasser noch aus den Wunden einer barocken Christusfigur und machte die Symbolik des Heiligen Blutes und des Heiligen Wassers sinnlich wahrnehmbar.

Birkenallee führt aus Bad Aibling hinaus

Die Mangfall bei Rosenheim

Einkaufsmöglichkeit:

In Bad Aibling, Kolbermoor und Heilig Blut

Einkehr:

Peissnhof, Dietrich-Bonhoeffer-Straße 12a, 83043 Bad Aibling / Mietraching, Tel. 08061 9829346, www.peissnhof.de

Gasthof Kriechbaumer, Ebersberger Straße 72, 83043 Bad Aibling / Mietraching, Tel. 08061 7202, www.gasthof-kriechbaumer.de

Ristorante Il Convento, Zellerhornstraße 16, 83026 Rosenheim, Tel. 08031/26070, www.hotel-sangabriele.de

Hotel Ariadne, Kirchenweg 38, 83026 Rosenheim, Tel. 08031 26500, www.hotel-ariadne.de

Übernachten:

Hotel San Gabriele, Zellerhornstraße 16, 83026 Rosenheim, Tel. 08031 26070, www.hotel-sangabriele.de

Hotel Alpina, Trainsjochweg 12, 83026 Rosenheim, Tel. 08031 62037, www.alpina-hotel.de

Hotel Ariadne, Kirchenweg 38, 83026 Rosenheim, Tel. 08031 26500, www.hotel-ariadne.de

Diverse Möglichkeiten auf der Strecke und in Rosenheim

Das Ziel ist fast erreicht: Der Chiemsee in Prien-Stock

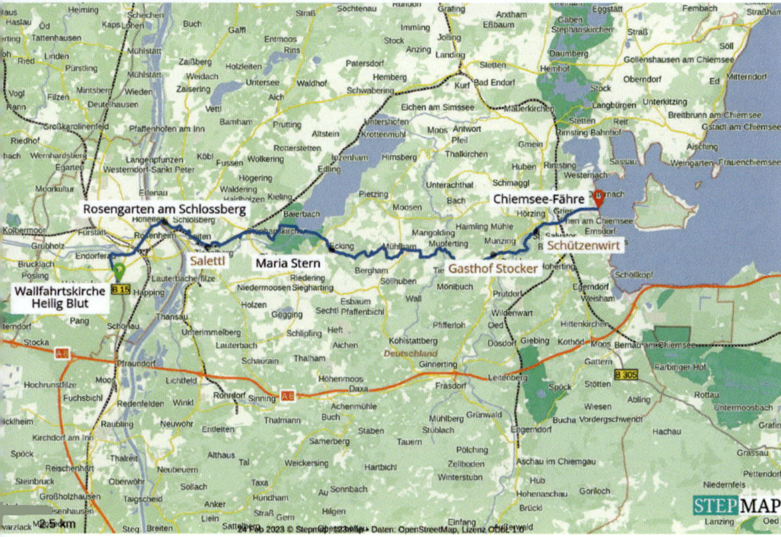

17. ETAPPE

ROSENHEIM-HEILIG BLUT – PRIEN **27 km /+259 m / -204 m / 7:15 h**

Start · 14,5 · 34 · 59 · 81,5 · 106 · 123 · 143,5 · 168 · 194 · 213 · 229 · 253 · 273,5 · 300 · 323 · 346 · 373

ANKOMMEN!

Die Vorfreude wächst mit jedem Meter, die Gedanken gehen zurück zu den Erlebnissen der zurückliegenden Tage. Aber das Hier und Jetzt bietet auch auf den letzten Kilometern noch viel zu viel, um nur voraus- oder zurückzuschauen: Die Zieletappe belohnt noch einmal für die Mühen des Weges mit wunderbaren Aussichten und einer lieblichen Natur rund um den Simssee. Und dann liegt er vor uns: der Chiemsee. Das letzte Stück legen wir mit dem Boot zurück – auch nach 350 Kilometern Pilgerschaft können wir noch nicht über Wasser gehen.

Wallfahrtskirche Heilig Blut

Die letzte Etappe beginnen wir, indem wir zunächst wieder zur Mangfall gehen, von Heilig Blut aus also ein Stück des Weges zurück, auf dem wir am Tag zuvor gekommen sind. Erneut überqueren wir die „Miesbacher Straße" und laufen auf dem gleichen Weg nach rechts auf den Wald zu.

An der ersten Möglichkeit, nach rechts abzubiegen, verlassen wir unsere gestrige Route und schwenken bald auf den Deich ein. Nun bleiben wir an der Mangfall, bis wir hinter dem Rosenheimer Freibad auf der „Innstraße"
4km nach rechts und über den Fluss, den Inn, gehen.

Gleich dahinter führt an der Kreuzung rechts der Straße eine Treppe zum Rosengarten hinauf. Hier ist der Salzalpen-Weg beschildert. Er leitet uns an die Hangkante des Schlossbergs, auf dem über 500 Jahre das Rosenheimer Schloss gestanden hat, das gegen Mitte des 18. Jahrhunderts geschleift wurde. Hinter dem Rosengarten biegen wir nach rechts ab und laufen dann jenseits der kleinen Straße weiter geradeaus. In der Senke wenden wir uns nach links und dann auf der Straße zweimal nach rechts, bis wir an ihrem Ende leicht links durch den Fußweg nach **Eichbichl** gelangen.

Dort folgen wir der „Mühlstraße" nach rechts hinunter und wandern vor dem Eisenbahntunnel auf dem „Neumühlweg" parallel zur Bahnlinie. Bald führt nach rechts eine Straße unter der Bahn hindurch. Wir bleiben aber zunächst links der Gleise und biegen bei nächster Gelegenheit auf dem Salzalpen-Weg nach links in das Dorf **Simserfilze** ab. Dem „Simser Weg" vor dem

Blick über den Inn

Spielplatz nach rechts folgend, erreichen wir an einem Bauernhof rechts eine Brücke auf die andere Seite der Bahnlinie. Dahinter zweigen wir links Richtung **Stephanskirchen** ab. 7,3km

An der Bahnüberführung wenden wir uns nach rechts und biegen sofort nach links in den „Müllerweg" ab, der uns bis zur Bundesstraße bringt. Schräg links gegenüber nehmen wir die „Eitzinger Straße", die wir für die „Sonnenbichlstraße" nach rechts verlassen. Dieser bleiben wir treu, bis sie in einen Feldweg übergeht. An der Abzweigung folgen wir dem Salzalpen-Weg geradeaus und schwenken dann – noch vor dem Gebäude „Sonnenholz" – nach rechts ab. 10,5km

Am Ufer des Simssees wandern wir nach rechts und stoßen schließlich auf ein Haus, an dem wir entweder rechts vorbei steil hinauf steigen können oder zunächst nach links und dann nach rechts herumlaufen. Den Salzalpen-Weg verlassen wir an dieser Stelle vorübergehend. Oben gehen wir auf der anderen Seite der Straße geradeaus zur Wallfahrtskirche Maria Stern in **Neukirchen** und biegen dahinter links ab. 13,2km

Sehenswürdigkeit: Wallfahrtskirche Maria Stern
Sie ist nicht die bekannteste der Wallfahrtskirchen der Region, aber allein ihre Lage und ihr Name locken bis heute Pilger hinauf nach Neukirchen. Der spitze Turm des spätgotischen Gotteshauses, das noch Spuren seines romanischen Vorgängerbaus aufweist, scheint auch genau dorthin zu streben: zu den Ster-

Am Simssee

Maria Stern scheint bis in den Himmel zu reichen

nen. Zweifelsfrei ist seit 924 der Ort „Niuunchiricha" belegt. Das Wappen, das neben dem Stern einen Vogel zeigt, der einen blutigen Span im Schnabel trägt, erinnert an die Gründungslegende der Kirche: Im Bärenholz etwas weiter nördlich habe einst eine Kirche und ein Schloss gestanden. Doch als man das Gotteshaus neu errichten wollte, kamen Vögel und trugen blutige Späne zu dem Ort, an dem es dann erbaut wurde. Legenden dieser Art stammen oft noch aus vorchristlichen Zeiten und sind Indizien dafür, dass solche Plätze auch schon damals als heilig galten.
Das Gnadenbild stammt ursprünglich aus der Riederinger Pfarrkirche und wird seit 1710 in Neukirchen verehrt, heute in Form einer Nachbildung von 1844. Zahlreiche Votivtafeln – die älteste ist von 1711 – zeugen vom Glauben der Wallfahrer und von der Erfüllung ihrer Gebete.

Besonderheit: Pater Alfred Delp in Neukirchen
Einer der bekanntesten Männer, die in Neukirchen Gottesdienst gehalten haben, ist der von den Nationalsozialisten hingerichtete Jesuitenpater Alfred Delp. Er war in Kontakt mit dem Kreisauer Kreis, einer Widerstandsgruppe gegen das Hitler-Regime, und wurde im Zuge des Hitler-Attentats am 20. Juni 1944, an dem er nicht beteiligt war, verhaftet und am 02. Februar 1945 gehängt.

Geradeaus geht es nun Richtung Söllhuben durch das Dorf. Von links stößt der Salzalpen-Weg wieder dazu. Wo der Forstweg in den Wald eintritt, nehmen wir den Pfad schräg geradeaus. Er führt uns hinunter zu einer Brücke.

So nah waren wir den Bergen noch nie

Nach der Steigung auf einer kleinen Straße angelangt, schwenken wir auf dem offenen Feld am Querweg nach links, bis Söllhuben nach rechts beschildert ist. Auf der Kuppe nehmen wir den Weg nach links und gehen in **Wolferkam** vor dem Haus Nummer 12 nach rechts. 15,2km

Nun vertrauen wir uns wieder der Beschilderung des Salzalpen-Weges an, wenden uns dieser folgend nach links und in den asphaltierten Weg nach rechts. In den Schotterweg biegen wir scharf rechts ab. Nach einem Waldstück führt die Route über einen Wiesenweg durch eine Schonung. Dort, wo vor uns nur noch ein schmaler Pfad von dem fast ebenen Wegstück wieder ansteigt, zweigt unsere Route links ab.

Nach den Häusern von **Rögling** gehen wir links hinunter und müssen in **Wurmsdorf** einmal ganz links herumlaufen, bevor wir die „Mühlhamer Straße" nach rechts zur Landstraße nehmen, die wir überqueren.

Sehenswürdigkeit: Josefskapelle
Die kleine Kapelle am Wegesrand steht hier erst seit 2017, erbaut von der Familie des Josef Summerer. Das Votivbild in dem kleinen Gotteshaus nennt den Grund für die Kirchenstiftung: Es zeigt den am 01. April 2015 schwer verletzten Mann, fast erschlagen von einem Baum und ohne Aussicht, sich allein zu befreien. Doch sein Sohn entdeckte ihn, und Josef Summerer konnte nach vielen Monaten wieder vollkommen genesen.

Die Kampenwand zum Greifen nahe

Der kleinen Straße folgen wir etwa 500 Meter hinter der Josefskapelle im rechten Winkel nach rechts bis **Farnach**, wo wir links gehen und die Straße dann in der Rechtskurve auf dem Schotterweg nach links verlassen. Auf diesem Weg bleiben wir auch dort, wo er hinter der Brücke über die Thalkirchener Achen nunmehr asphaltiert bergauf verläuft. So gelangen wir auf die Hochebene und wenden uns auf der kleinen Straße nach links
20,7km Richtung Atzing und Bachham.

In **Bachham** erreichen wir eine Durchgangsstraße und gehen leicht rechts gegenüber in den „Edelweißweg". An dessen Ende wartet ein Feldweg, um uns geradeaus und über die Treppe hinunter an die Prien zu führen, an der
22,8km wir nach links weiterwandern.

Gegenüber dem alten E-Werk überqueren wir den Fluss und gehen an der Gabelung links. Hinter dem Wirtshaus wechseln wir die Flussseite und
25,2km lassen uns von dem Gewässer in das Zentrum von **Prien** leiten.

Sehenswürdigkeit: Pfarrkirche Mariä Himmelfahrt
In der 1736 bis 1738 erbauten Kirche Mariä Himmelfahrt begegnet uns wieder ein Fresko des Münchner Hofkünstlers Johann Baptist Zimmermann, dessen Werke wir schon aus Dietramszell kennen. In die Priener Hallenkirche, die in dieser Form im Barock entstanden ist, hat er die Seeschlacht von Lepanto unter die Decke gemalt.

An der Prien entlang wandern wir die letzten Meter ...

... und erreichen den Chiemsee

Wir folgen der Hauptstraße durch die Unterführung und nehmen den Fußweg, der hinter den Schienen der kleinen Bahnlinie zum See ausgeschildert ist und uns parallel zu den Schienen bis zum Schiffsanleger in Stock am Chiemsee führt. Wie Irmengard stehen wir am Ende unserer Reise am Ufer und wissen: Nun müssen wir nur noch nach Frauenchiemsee übersetzen, und dort haben wir unser Ziel erreicht.

Einkehr:

Salettl, Finsterwalder Straße 1, 83071 Stephanskirchen, Tel. 08031 4086090, www.simsseer-weidefleisch.de

(am Bahndamm vor Simserfilze die Straßenunterführung nehmen)

Gasthof Pension Stocker, Stettener Straße 26, 83209 Prien / Atzing, Tel. 08051 3716, www.gasthof-stocker-chiemsee.de

Schützenwirt im Eichental, Au 3, 83209 Prien, Tel. 08051 2701, www.schuetzenwirt.bayern

Übernachten:

Sowohl in den Dörfern, durch die unser Weg führt, als auch in Prien gibt es zahlreiche Übernachtungsangebote. Informationen gibt es beim Tourismusbüro Prien unter Tel. 08051 69050 oder unter: www.tourismus.prien.de

Nach 375 Kilometern erreichen wir unser Ziel per Schiff: Das Irmengardkloster auf Frauenchiems

FRAUENINSEL

Das Ziel unserer Pilgerschaft – die **Fraueninsel** oder auch **Frauenchiemsee** – ist ein magischer Ort. Für die Benediktinerinnen von Frauenwörth ist sie „geographischer, ideeller und kultureller Mittelpunkt des Chiemgaus". Von Bayernherzog Tassilo III. 782 gegründet und bereits mit riesigem Landbesitz ausgestattet, reichte der Besitz des Klosters von Niederbayern bis Südtirol. Bis zur Säkularisation änderte sich der Gesamtumfang der Güter nur unwesentlich. Und selbst dann durften die Nonnen bleiben und fünf von ihnen konnten die Wiedererrichtung des Klosters im Jahr 1838 erleben. Nördlich der Alpen gibt es außer dem Nonnberg in Salzburg und Frauenchiemsee kein älteres Benediktinerinnen-Kloster im deutschsprachigen Raum.

Das Münster „Frauenwörth" geht auf einen Bau zurück, der urkundlich belegt am 01. September 782 eingeweiht wurde – von Virgil, einem schottischen Wandermissionar, der als Erbauer des Salzburger Doms gilt. Errichtet als einschiffige Hallenkirche, wurde das Gotteshaus Ende des 15. Jahrhunderts umgestaltet. Es erhielt ein gotisches Gewölbe, die Fenster wurden verändert und eine Vorhalle angebaut, in der aber das romanische Portal gut sichtbar geblieben ist. Auch im Inneren sind Reste der romanischen Ausstattung noch zu erkennen, so einige Fresken hinter dem Hochaltar. Dort befindet sich auch die Irmengardkapelle, in der inzwischen die Gebeine der Seligen aufgebahrt sind.

Eine der beiden alten Linden

Mariendarstellung an der alten Linde

Wahrzeichen der Insel ist der frei stehende Turm. Der im 11. Jahrhundert errichtete achteckige Campanile ist 36 Meter hoch und hatte ursprünglich wohl eher die Bestimmung eines Wehrturms.

Das älteste Gebäude ist jedoch die karolingische Torhalle gleich gegenüber. Sie stammt noch aus dem Jahr der Klosterstiftung durch Tassilo. Innen konnten einige einzigartige romanische Fresken freigelegt werden.

Doch schon lange vor Tassilo war die 300 mal 600 Meter kleine Insel im Chiemsee bewohnt. Die Bewohnerinnen und Bewohner lebten damals und bis in die jüngste Vergangenheit meist vom Fischfang und waren durch das Kloster geschützt. Auf dem höchsten Punkt der Insel, wo einst eine Dorfkirche war, stehen zwei alte Linden, die sogenannte Tassilolinde und die Marienlinde mit einem zweihundert Jahre alten Bildnis der Madonna. Die Bäume sind mindestens 500 Jahre alt und durch einen Zaun geschützt. Wer sich ein bisschen zurückziehen möchte von dem auf Frauenchiemsee an vielen Tagen herrschenden Trubel, der kann sich auch hierher flüchten, die besondere Atmosphäre auf sich wirken lassen und zurückschauen auf den Pilgerweg: von Bad Buchau zur Fraueninsel.

Die karolingische Torhalle

Skulptur auf dem Friedhof

Übernachten auf Frauenchiemsee:

Eine Liste der Übernachtungsmöglichkeiten auf der Fraueninsel findet sich unter: www.chiemsee-inseln.de/portfolio/wohnen-auf-den-chiemsee-inseln/ und www.chiemsee-inseln.de/portfolio/ferienwohnungen/

Alle Informationen zur Schiffsverbindung zur Fraueninsel finden sich unter: www.chiemsee-schifffahrt.de

Campanile

IRMENGARD

Wer in die Vorhalle der Klosterkirche auf der Fraueninsel tritt, möge sich die Marmorstufe genau anschauen: Die Schritte der Menschen, die seit vielen Jahrhunderten das Gotteshaus betreten haben, haben hier ihre Spuren hinterlassen und eine tiefe Mulde in dem harten Stein verursacht. Pilgerinnen und Pilger, die dem Irmengardweg von Bad Buchau bis hierher gefolgt sind, können über diese Stufe wie in einem Ritual ihren bewussten letzten Schritt der Pilgerschaft setzen und sich verbinden mit den zahlreichen vertrauensvollen Menschen, die seit mehr als tausend Jahren zu Irmengard kommen: Mit ihren Bitten, ihren Sorgen – oder voller Dankbarkeit, weil sie sich von ihr unterstützt fühlten.

Von Irmengard gibt es keine Legendendichtung, keine Erzählungen von Hirschen, die in ihrem Geweih Lichter tragen, um ihr zu leuchten, wie es von ihren beiden Schwestern erzählt wird. Von Irmengard heißt es vergleichsweise nüchtern, dass es zu ihrer Herrschaftszeit keine Armut in der Region gegeben habe. Von ihrer Fürsorge für die Menschen, nicht nur für die Armen, von Gottes- und Nächstenliebe spricht die Tradition ihrer Verehrung. Sie gilt vielen insbesondere als Fürsprecherin bei Kinderlosigkeit, aber zu allen Zeiten kamen und kommen Gläubige mit all ihren Anliegen zu ihr.

Wer war aber nun diese Frau? Irmengard war eines von sieben Kindern Ludwigs des Deutschen und seiner Frau Hemma. Geboren wurde sie in Regensburg in den Jahren 832 oder 833. Ihr Vater, ein Enkel Karls des Großen, hatte seit 826 die Herrschaft über Bayern inne. Während eine Schwester wahrscheinlich schon im Kindesalter verstorben war, wurden alle übrigen drei Töchter Ordensfrauen. Sie wuchsen im Stift in Buchau auf, dort erfuhren sie ihre Bildung, und hier wurde Irmengard erstmals Klostervorsteherin.

Wenig später beauftragte ihr Vater sie damit, nach Frauenchiemsee zu gehen: Sie sollte das von Tassilo III., dem letzten agilolfingischen bairischen Herzog gegründete Damenstift zu einem karolingischen Königskloster machen.

Wie ihren Geschwistern war auch Irmengard kein langes Leben vergönnt. Schon im Alter von 33 oder 34 Jahren starb sie am 16. Juli 866. Bereits damals galt sie als „zweite Stifterin", was dadurch belegt ist, dass ihr Grab in das Fundament der Kirche eingetieft wurde. Die offenbar schon zum Zeitpunkt ihres Todes als heilig verehrte Frau stützte also noch im Tod ihre Kirche.

Um das Jahr 1000 wurde ihr Grab erstmals geöffnet – auch das ein Zeichen ihrer Verehrung. Abt Gerhard von Seeon legte ihren Gebeinen ein Bleitäfelchen bei. Darauf ist erstmals ein an sie gerichteter Gebetsanruf dokumentiert. Auf die Rückseite der Grabplatte ließ Gerhard ein Lobgedicht einprägen. Den Kopf der Hochverehrten nahm der Abt mit nach Seeon.

Die zweite Graböffnung fiel in die Zeit des Dreißigjährigen Krieges. Die damalige Äbtissin erhoffte sich von der feierlichen Erhebung der Gebeine, die Kirche zu einer Wallfahrtsstätte machen zu können. Das dritte Mal geschah eine Grabesöffnung 1922, im Vorfeld der feierlichen Seligsprechung im Jahr 1928. Im Zuge dessen kam auch die Kopf-Reliquie von Seeon zurück nach Frauenwörth, wurde allerdings gesondert aufbewahrt, weil man sich nicht ganz sicher war, ob sie tatsächlich echt wäre. Doch alle Zweifel wurden zu Beginn dieses Jahrtausends beseitigt: Kopf und Gebeine stammen zweifelsfrei von derselben Person. Im kristallenen Schrein nun wieder vollständig vereint liegen die Reliquien der Seligen Irmengard unter dem Altartisch in der Irmengardkapelle.

NACHWORT

„Pilgern – Erde und Himmel in jedem Schritt."

Ich war gerade zum ersten Mal zu Fuß am Chiemsee angekommen, glücklich, dass alles so geklappt hatte wie geplant und erhofft.

„Das hat Irmengard gemacht": Die Schwester an der Pforte des Benediktinerinnenklosters auf der Fraueninsel war sich sofort sicher. Sie hatte mich zu sich hineingebeten. Und nun saß ich hier bei der Ordensfrau, die seit 60 Jahren in Frauenwörth lebt, wartete auf die Priorin, die spontan Zeit für mich hatte, und erzählte: Wie ich nach einer großen privaten und beruflichen Krise am Chiemsee meine neuen Pläne entwickelt hatte. Wie der Gedanke an einen Irmengard-Pilgerweg aufgetaucht war, sich festgesetzt hatte und nicht wieder verschwunden war.

„Das hat Irmengard gemacht!" Die Schwester wiederholte sich. Nun mit noch mehr Nachdruck.

Das würde jedenfalls erklären, warum ich seit meinem Neuanfang bis zu diesem Moment an der Pforte schon sechs Mal am Chiemsee gewesen war, während ich früher allenfalls auf der Autobahn daran vorbeigefahren war, schließlich lebe ich weit weg im Rheinland. Tatsächlich hat es mich immer wieder hergezogen. Hier habe ich entschieden, Wander- und Naturbücher zu schreiben, hier habe ich meine Ausbildung zur Wanderführerin absolviert, hier habe ich meine Kollegin kennengelernt, mit der ich seitdem zahlreiche Bücher veröffentlicht habe – eines der ersten davon über den Chiemgau.

Die Nonne schaute mich wissend an. „Hat das alles Irmengard gemacht?", fragte ich. Und sie nickte: „Irmengard macht so etwas."

Meinen Neuanfang jedenfalls hat Irmengard auf diese Weise von Beginn an begleitet. Ich könnte heute gar nicht mehr sagen, wann und wie genau sie mir eigentlich in den Kopf gekommen ist und warum ich eigentlich begonnen habe, ihre Lebensstationen zu recherchieren, woraus dann die Idee entstanden ist, diesen Pilgerweg zu entwickeln.

Vielleicht macht sie ja wirklich so etwas. Mich und meinen Weg hat sie jedenfalls verändert – und deswegen kann ich voller Überzeugung für diesen neuen Pilgerweg werben: Irmengard wartet auf Sie!

Nikola Hollmann

ORTSINDEX

BILDQUELLENVERZEICHNIS

Titel:	oben Alexander/AdobeStock
Seite 3:	Flachsbarth
Seite 5:	Claudia Kreier/privat
Seite 17:	serkucher/AdobeStock
Seite 177:	Joachim Schäfer/heiligenlexikon.de

Alle anderen Fotos sind von der Autorin Nikola Hollmann

NOTIZEN

IMPRESSUM

Bibliografische Informationen der Deutschen Bibliothek:

Die Deutsche Bibliothek verzeichnet diese Publikation in der Deutschen Nationalbibliografie: detaillierte bibliografische Daten sind im Internet über https://www.dnb.de abrufbar

1. Auflage 2023

ISBN: 978-3-946777-25-0

Autorin: Nikola Hollmann
Bilder: Nikola Hollmann

Druck:
Englram & Partner GmbH, Haßloch,
www.englram.de

Verlag und Gesamtherstellung:
Peregrinus GmbH,
Pilgerverlag, Speyer,
www.pilgerverlag.de

Dem Umweltlabel „Cradle to Cradle" liegt das Konzept zugrunde, dass zertifizierte Produkte nach Ablauf ihres Lebenszyklus immer wieder in biologische oder technische Kreisläufe zurückfließen können. In der Druckproduktion bedeutet dies, fertige Druckprodukte entweder wieder in den Recycling-Kreislauf einzubringen oder als kompostierbaren Abfall direkt in den biologischen Kreislauf zurückzuführen.

Gedruckt auf FSC®-zertifiziertem Papier.